Alberta D. Jones

MONACO 2
SPIELANLEITUNG

*Schalte versteckte Level frei, überliste die
Sicherheit und führe makellose
Raubüberfälle aus*

Kapitel 1: Einführung in Monaco 2

1.1 Was ist Monaco 2?

Monaco 2 ist die lang erwartete Fortsetzung des von der Kritik gefeierten Raubüberfallspiels *Monaco: What's Yours Is Mine*. Dieser actiongeladene kooperative Titel wurde von *Pocketwatch Games* entwickelt und baut auf seinem Vorgänger auf, führt aber neue Funktionen, Mechaniken und einen frischen visuellen Stil ein.

Überblick

In *Monaco 2* schlüpfen die Spieler erneut in die Rolle verschiedener einzigartiger Charaktere, während sie waghalsige Raubüberfälle planen und ausführen. Das Spiel spielt in einer lebendigen, immersiven Welt und kombiniert Stealth-, Strategie- und Rätsellösungselemente, sodass sich jeder Raubüberfall wie eine sorgfältig orchestrierte Mission anfühlt. Mit neuen Spielmechaniken, aktualisierter Grafik und komplizierteren Leveldesigns *verspricht Monaco 2* ein spannendes Erlebnis sowohl für neue Spieler als auch für Veteranen des Originalspiels zu werden.

Handlung

Die Erzählung in *Monaco 2* knüpft an die Ereignisse des ersten Spiels an und führt die Spieler durch eine Reihe von Missionen, die sich über eine Vielzahl von Umgebungen erstrecken. Während spezifische Details zur Handlung rar bleiben, ist klar, dass die Spieler in eine Welt voller Intrigen, Gefahren und der ständigen

Gefahr, erwischt zu werden, eintauchen werden. Das Spiel erkundet die Welt der Raubüberfälle mit hohem Einsatz und bietet eine bunte Besetzung von Charakteren mit ihren eigenen Hintergrundgeschichten und Motivationen.

Gameplay-Innovationen

Monaco 2 behält die Kernmechanik bei, die das ursprüngliche *Monaco* so attraktiv gemacht hat, und führt in *Monaco 2* mehrere neue Funktionen ein:

- **3D-Umgebungen**: Das Spiel wechselt von der 2D-Top-Down-Perspektive des Originals zu vollständig gerenderten 3D-Umgebungen und bietet den Spielern ein dynamischeres und immersiveres Erlebnis.

- **Prozedural generierte Levels**: Jeder Raubüberfall ist jetzt unvorhersehbarer, wobei prozedural generierte Levels sicherstellen, dass keine zwei Missionen gleich sind.

- **Erweiterte Charakterliste**: Eine größere Vielfalt an spielbaren Charakteren mit einzigartigen Fähigkeiten und Fertigkeiten ermöglicht eine größere Flexibilität bei der Planung und Durchführung von Raubüberfällen.

- **Neue Werkzeuge und Gadgets**: Die Spieler können eine Reihe neuer Werkzeuge und Gadgets verwenden, von fortschrittlichen Hacking-Geräten bis hin zu Sprengfallen, die jeder Mission Komplexität und strategische Tiefe verleihen.

Visueller Stil & Ästhetik

Der visuelle Stil des Spiels ist eine Mischung aus moderner 3D-Grafik und der charmanten, cartoonartigen Ästhetik, für die das ursprüngliche *Monaco* bekannt war. Während die aktualisierte Grafik einen farbenfrohen und skurrilen Ton beibehält, verbessert sie das Gefühl der Immersion des Spiels und verleiht ihm ein ausgefeilteres Aussehen. Die Licht- und Umgebungseffekte sind dynamischer und tragen dazu bei, Spannung bei hinterhältigen Infiltrationen oder hochoktanigen Fluchten zu erzeugen.

Multiplayer- und Koop-Erlebnis

Eines der herausragenden Merkmale von *Monaco 2* ist der Schwerpunkt auf kooperativem Multiplayer-Gameplay. Die Spieler können sich online oder lokal zusammenschließen, um gemeinsam Raubüberfälle zu bekämpfen, wobei jeder eine andere Rolle innerhalb des Teams einnimmt. Egal, ob es darum geht, sich an Wachen vorbeizuschleichen, Sicherheitssysteme zu hacken oder das Hauptziel des Raubüberfalls zu erreichen, Teamwork ist entscheidend für den Erfolg. Kommunikation und Koordination sind der Schlüssel, und das Spiel bietet Werkzeuge, um dies während des Spiels zu erleichtern.

Warum es spannend ist

Für Fans des ursprünglichen *Monaco* verspricht die Fortsetzung ein noch fesselnderes Erlebnis, während Neulinge ein zugängliches, unterhaltsames und herausforderndes Spiel finden werden, das für jeden etwas bietet. Die Kombination aus strategischer Planung, spannender Action und der Notwendigkeit der Zusammenarbeit macht *Monaco 2* zu einer einzigartigen und überzeugenden Ergänzung des Koop-Action-Genres.

Mit seinen innovativen neuen Funktionen *entwickelt sich Monaco 2* zu einem der am meisten erwarteten Titel für Raubüberfall-Enthusiasten. Egal, ob du alleine oder mit Freunden spielst, das Spiel lädt dich zu rasanten Raubüberfällen mit hohem Einsatz ein, bei denen jede Entscheidung zählt.

1.2 Hauptunterschiede zu Monaco: Was dir gehört, gehört mir

Während *Monaco 2* die Kernelemente beibehält, die das ursprüngliche *Monaco: What's Yours Is Mine* zu einem Hit gemacht haben – wie kooperatives Gameplay, Stealth-Mechaniken und Action zum Thema Raubüberfälle –, gibt es einige bemerkenswerte Unterschiede, die die beiden Spiele unterscheiden. Diese Änderungen verbessern das Spielerlebnis, verbessern die Spieldynamik und bieten neue Herausforderungen sowohl für wiederkehrende Spieler als auch für Neulinge.

1.3D Umgebungen vs. 2D-Draufsicht

Eine der wichtigsten Änderungen in *Monaco 2* ist der Wechsel von der 2D-Top-Down-Perspektive des Originals zu vollständigen 3D-Umgebungen.

- **Monaco (2013):** Das Originalspiel verwendete eine 2D-Kameraperspektive aus der Vogelperspektive, was dem Spiel ein minimalistischeres Gefühl im Retro-Stil verlieh. Dieser Ansatz ermöglichte eine schnelle und einfache Navigation durch die Karten und eine Draufsicht auf das Geschehen.

- **Monaco 2:** Mit dem Nachfolger tauchen die Spieler in eine visuell dynamischere Welt mit vollständig gerenderten 3D-

Umgebungen ein. Diese Änderung ermöglicht eine bessere Tiefe, verbesserte Lichteffekte und kompliziertere Leveldesigns. Die Spieler haben nun mehr Freiheiten bei der Interaktion mit der Umgebung und können die Vertikalität der Levels zu ihrem Vorteil nutzen, z. B. beim Klettern auf Strukturen oder beim Verstecken hinter Objekten.

Die 3D-Verschiebung sorgt für ein realistischeres und immersiveres Erlebnis und bietet eine frische Herangehensweise an bekannte Mechaniken.

2. Prozedural generierte Levels

In *Monaco 2* wird jeder Raubüberfall mit prozeduralen Algorithmen generiert, was bedeutet, dass die Levels nicht festgelegt sind und sich bei jedem Spiel ändern.

- **Monaco (2013):** Das Originalspiel hatte vorgefertigte, feste Levels, in denen sich die Spieler Layouts merken und im Laufe der Zeit optimale Strategien erlernen konnten. Dies ermöglichte zwar ein tiefes Verständnis der einzelnen Karten, schränkte aber den Wiederspielwert ein, sobald die Spieler sich mit der Umgebung vertraut gemacht hatten.

- **Monaco 2:** Mit prozedural generierten Levels fühlt sich jede Mission in *Monaco 2* einzigartig an. Das Kartenlayout, die Platzierung der Feinde, die Sicherheitsmaßnahmen und sogar die Ziele sind zufällig, was sicherstellt, dass die Spieler bei jedem Spiel mit anderen Herausforderungen konfrontiert werden. Diese Änderung erhöht den Wiederspielwert und sorgt dafür, dass sich das Spiel auch für erfahrene Spieler frisch anfühlt.

3. Erweiterte Charakterliste und Fähigkeiten

Während das ursprüngliche *Monaco* eine kleine Auswahl an Charakteren mit jeweils einzigartigen Fähigkeiten enthielt, *erweitert Monaco 2* die Liste erheblich und vertieft die Charakteranpassung.

- **Monaco (2013):** Das Originalspiel hatte acht spielbare Charaktere, jeder mit einer Spezialfähigkeit – wie dem Hacker, der die Sicherheitskontrolle umgehen konnte, oder dem Gentleman, der Wachen ablenken konnte. Diese Fähigkeiten waren einfach, aber effektiv und sorgten je nach gewähltem Charakter für ein abwechslungsreiches Spielerlebnis.

- **Monaco 2:** Die Fortsetzung führt eine breitere und vielfältigere Besetzung von Charakteren ein, jeder mit spezialisierteren und anpassbaren Fähigkeiten. Zusätzlich zu den traditionellen Rollen *führt Monaco 2* neue Klassen ein, die die Planung von Raubüberfällen vielseitiger machen. Zum Beispiel haben die Spieler jetzt die Möglichkeit, Charaktere zu wählen, die sich in ihre Umgebung einfügen, die Umgebung effektiver manipulieren oder fortschrittliche Technologie einsetzen können, um feindliche Systeme außer Gefecht zu setzen oder zu hacken. Mit mehr Charakteren zur Auswahl und komplexeren Fähigkeiten haben die Spieler mehr taktische Optionen bei der Planung und Durchführung ihrer Raubüberfälle.

4. Neue Tools und Gadgets

Das Toolkit in *Monaco 2* ist umfangreicher und abwechslungsreicher als das im Originalspiel und bietet den Spielern neue Möglichkeiten, jede Mission anzugehen.

- **Monaco (2013):** Die Werkzeuge im Originalspiel waren relativ einfach und konzentrierten sich auf die Grundelemente von Raubüberfällen. Werkzeuge wie Dietriche, Rauchbomben und Ablenkungen waren der Schlüssel, um unentdeckt zu bleiben und Ziele erfolgreich zu erreichen. Die Vielfalt war etwas begrenzt, ermöglichte aber kreative Einsatzmöglichkeiten bei der Planung von Raubüberfällen.

- **Monaco 2**: The Sequel führt eine größere Auswahl an High-Tech-Gadgets und -Tools ein, die der Planung von Raubüberfällen neue strategische Ebenen hinzufügen. Zu den neuen Optionen gehören fortschrittliche Hacking-Geräte, Sprengladungen, EMPs und mehr. Der Einsatz dieser Werkzeuge erfordert eine sorgfältige Planung und Koordination, wodurch sich jeder Raubüberfall komplexer anfühlt und die Spieler über den Tellerrand hinausschauen müssen. Einige Geräte interagieren sogar auf dynamische Weise mit der Umgebung, z. B. durch das Deaktivieren von Kameras oder Sicherheitssystemen mit einem einzigen Gerät.

5. Verbesserte KI und Feindverhalten

Das KI-Verhalten wurde in *Monaco 2 erheblich verbessert*, um ein anspruchsvolleres und reaktionsschnelleres Erlebnis zu bieten.

- **Monaco (2013):** Während die KI im Originalspiel kompetent war, folgten Wachen und Feinde grundlegenden Routinen und waren relativ leicht vorherzusagen. Sobald sich die Spieler die Patrouillenmuster gemerkt hatten, wurde es einfacher, nicht entdeckt zu werden.

- **Monaco 2:** In *Monaco 2* ist die KI fortschrittlicher, wobei die Feinde intelligenter auf Spieleraktionen reagieren. Wachen können miteinander kommunizieren, wenn sie eine verdächtige Bewegung entdecken, oder sogar in Teams arbeiten, um den Spieler in die Enge zu treiben. Das Spiel enthält auch fortschrittlichere Sicherheitssysteme, die die Spieler überlisten müssen, wie z. B. automatisierte Drohnen, Gesichtserkennungssysteme und komplexere Alarmmechanismen. Diese verbesserte KI zwingt die Spieler, bei ihren Raubüberfällen vorsichtiger und strategischer vorzugehen.

6. Verbesserungen für kooperative und Multiplayer-Spiele

Während beide *Monaco-Spiele Koop-Spiele bieten,* baut *Monaco 2* auf dieser Funktion auf, indem es ein tieferes und verfeinertes Multiplayer-Erlebnis bietet.

- **Monaco (2013):** Das ursprüngliche Spiel ermöglichte sowohl einen lokalen als auch einen Online-Mehrspielermodus mit bis zu vier Spielern, und der Schwerpunkt lag auf der Zusammenarbeit bei der Durchführung von Raubüberfällen. Das kooperative Gameplay machte zwar Spaß, war aber aufgrund der Einschränkungen der Steuerung und der

Kommunikationstools manchmal eine Herausforderung.

- **Monaco 2**: *Monaco 2* hebt den Multiplayer-Modus auf die nächste Stufe, indem es verfeinerte Kommunikationstools, bessere Matchmaking-Systeme und robustere Multiplayer-Optionen hinzufügt. Die Spieler können ihre Aktionen jetzt besser koordinieren, egal ob sie sich durch ein Sicherheitssystem schleichen oder eine explosive Ablenkung durchführen. Das Spiel führt auch neue Multiplayer-Spielmodi ein, die den Wiederspielwert und die Herausforderung verbessern. Diese Modi sollen die Zusammenarbeit fördern und sicherstellen, dass jedes Mitglied des Teams eine wichtige Rolle spielt.

7. Gesamtästhetik und Präsentation

Schließlich ist der visuelle und ästhetische Stil von *Monaco 2* ausgefeilter und bietet einen modernen Look, während der Charme des Originals immer noch erhalten bleibt.

- **Monaco (2013):** Das ursprüngliche Spiel hatte eine Pixel-Art-Ästhetik von oben nach unten, die einfach, aber effektiv war. Sein Retro-Stil verlieh dem Spiel ein einzigartiges Gefühl, aber es fehlte ihm manchmal die Tiefe und Komplexität, die man in anderen modernen Spielen sieht.

- **Monaco 2**: Die Fortsetzung hat sich zu einem vollständigen 3D-Kunststil mit realistischeren Texturen, verbesserten Lichteffekten und einer immersiveren Welt entwickelt. Monaco 2 ist zwar immer noch farbenfroh und skurril, bietet aber ein visuell dynamischeres Erlebnis, bei dem sich die Umgebungen lebendig anfühlen und auf neue Weise auf die Aktionen des Spielers reagieren. Dieses Upgrade in der

Präsentation sorgt dafür, dass sich das Spiel filmischer und fesselnder anfühlt.

1.3 Unterstützte Plattformen und Systemanforderungen

Unterstützte Plattformen

Monaco 2 wird auf einer Vielzahl von Plattformen verfügbar sein, so dass Spieler aus verschiedenen Gaming-Ökosystemen in die actiongeladene Welt der Raubüberfälle eintauchen können. Das Spiel unterstützt sowohl den Einzelspieler- als auch den kooperativen Mehrspielermodus und wird verfügbar sein auf:

- **PC (Windows)**

- **PlayStation 4**

- **PlayStation 5**

- **Xbox Eins**

- **Xbox Series X|S**

- **Nintendo Switch**

Darüber hinaus *wird Monaco 2* über mehrere digitale Vertriebsdienste erhältlich sein, darunter:

- **Dampf** (PC)

- **Epic Games Store** (PC)

- **PlayStation Store** (PS4/PS5)

- **Microsoft Store** (Xbox)

- **Nintendo eShop** (Switch)

Diese breite Unterstützung stellt sicher, dass *Monaco 2* für eine breite Palette von Spielern auf mehreren Spieleplattformen zugänglich ist.

Systemanforderungen für PC

Für PC-Spieler hat *Monaco 2* spezifische Systemanforderungen, um eine reibungslose Leistung zu gewährleisten. Das Spiel wurde so konzipiert, dass es auf einer Vielzahl von Rechnern läuft, von Low-End-Setups bis hin zu High-End-Gaming-Rigs, aber die Leistung ist auf leistungsstärkerer Hardware am besten. Folgendes benötigen Sie:

Minimale Systemanforderungen

Dies sind die grundlegenden Spezifikationen, die zum Ausführen von *Monaco 2* auf Ihrem PC erforderlich sind:

- **Betriebssystem**: Windows 10 (64-Bit)

- **Prozessor**: Intel Core i5-7400 / AMD Ryzen 3 2200G

- **Arbeitsspeicher**: 8 GB RAM

- **Grafikkarte**: NVIDIA GTX 1050 / AMD Radeon RX 560

- **DirectX**: Version 11

- **Speicherplatz**: 20 GB verfügbarer Speicherplatz

- **Netzwerk**: Breitband-Internetverbindung (für Online-Multiplayer)

Mit diesen Mindestanforderungen können Sie erwarten, *Monaco 2* mit einer anständigen Leistung zu spielen, obwohl Sie möglicherweise bestimmte Grafikeinstellungen verringern müssen, um ein flüssigeres Gameplay auf niedrigerer Hardware zu erzielen.

Empfohlene Systemanforderungen

Für das bestmögliche Erlebnis mit hohen Grafikeinstellungen, schnellen Ladezeiten und stabilen Bildraten sind dies die empfohlenen Spezifikationen:

- **Betriebssystem**: Windows 10 oder 11 (64-Bit)

- **Prozessor**: Intel Core i7-8700K / AMD Ryzen 5 3600X

- **Arbeitsspeicher**: 16 GB RAM

- **Grafikkarte**: NVIDIA RTX 2060 / AMD Radeon RX 5700 XT

- **DirectX**: Version 12

- **Speicherplatz**: 25 GB verfügbarer Speicherplatz (SSD empfohlen für schnellere Ladezeiten)

- **Netzwerk**: Breitband-Internetverbindung (für Multiplayer)

Mit diesen empfohlenen Spezifikationen erlebst du ein flüssiges Gameplay, hochwertige Grafik und optimale Leistung sowohl im Einzelspieler- als auch im Mehrspielermodus.

Grafikeinstellungen und Optimierungstipps

Wenn du feststellst, dass das Spiel nicht so flüssig läuft, wie du es dir wünschst, gibt es mehrere Einstellungen im Spiel, die du anpassen kannst, um die Leistung zu verbessern. Das Verringern von Einstellungen wie Schattenqualität, Anti-Aliasing und Texturauflösung kann dazu beitragen, eine konstante Bildrate aufrechtzuerhalten, insbesondere auf Systemen, die die Mindestanforderungen erfüllen.

Anforderungen an die Konsole

Für diejenigen, die auf Konsolen spielen, ist das Spiel sowohl für Systeme der vorherigen als auch für die aktuelle Generation optimiert. Folgendes benötigen Sie für jede Plattform:

- **PlayStation 4 & Xbox One**: Das Spiel läuft mit 30 FPS und 1080p Auflösung und bietet eine flüssige Leistung für Konsolen der letzten Generation.

- **PlayStation 5 & Xbox Series X|S**: Auf diesen neueren Konsolen *läuft Monaco 2* mit 60 FPS und in 4K-Auflösung auf kompatiblen Geräten, was ein visuell ausgefeilteres und flüssigeres Erlebnis bietet.

Auf Konsolen sind keine speziellen Konfigurationen erforderlich, da sich das Spiel automatisch an die Fähigkeiten des Systems anpasst.

Es wird jedoch empfohlen, die neuesten Systemsoftwareupdates zu installieren, um eine optimale Leistung zu erzielen.

Plattformübergreifendes Spielen

Eines der aufregenden Features von *Monaco 2* ist die plattformübergreifende Multiplayer-Unterstützung. Spieler können sich mit Freunden zusammenschließen, unabhängig davon, ob sie PC, PlayStation, Xbox oder Switch spielen. Diese Funktion verbessert das kooperative Multiplayer-Erlebnis des Spiels und stellt sicher, dass du dich unabhängig von der Plattform, die du verwendest, mit anderen zusammenschließen kannst.

Zusätzliche Hinweise

- **Cloud-Speicherstände**: Für PC-Spieler unterstützt *Monaco 2* Cloud-Speicherstände über Steam und den Epic Games Store, was bedeutet, dass Sie dort weitermachen können, wo Sie aufgehört haben, auch wenn Sie das Gerät wechseln.

- **Online-Multiplayer**: Für das Spielen im Koop-Multiplayer-Modus ist eine stabile Internetverbindung erforderlich, insbesondere für Online-Sitzungen.

- **VR-Unterstützung**: Zum Start bietet *Monaco 2* keine VR-Unterstützung. Die Entwickler haben jedoch mögliche zukünftige Updates angedeutet, die eine VR-Kompatibilität beinhalten könnten.

1.4 Spielmodi und Multiplayer-Optionen

Monaco 2 bietet eine Vielzahl von Spielmodi und Multiplayer-Optionen, die dafür sorgen, dass sich jeder Spieldurchgang frisch und aufregend anfühlt. Egal, ob du es vorziehst, Raubüberfälle alleine oder mit Freunden zu bewältigen, es gibt einen Modus, der für alle Arten von Spielern geeignet ist. Werfen wir einen Blick auf die verfügbaren Spielmodi und die Multiplayer-Funktionen, die *Monaco 2* zu einem aufregenden Erlebnis machen.

1. Einzelspieler-Modus

Für diejenigen, die es vorziehen, alleine zu gehen, *bietet Monaco 2* einen robusten Einzelspielermodus, in dem Sie in Ihrem eigenen Tempo Raubüberfälle begehen, Rätsel lösen und sich mit der Geschichte des Spiels beschäftigen können. Das Einzelspieler-Erlebnis bietet eine tiefgründige, immersive Reise, während du ein Team einzigartiger Charaktere steuerst, von denen jeder seine eigenen Spezialfähigkeiten hat.

- **Story-Modus**: Dies ist das Herzstück der *Einzelspieler-Inhalte von Monaco 2*. Die Spieler folgen der Geschichte und führen im Laufe der Levels immer komplexere Raubüberfälle aus. Die Geschichte ist reich an Hintergrundgeschichten und jede Mission führt neue Herausforderungen und Spielmechaniken ein. Die Spieler können Missionen auf verschiedene Arten erfüllen, z. B. mit Stealth oder roher Gewalt, je nachdem, welchen Charakter sie wählen und wie sie den Raubüberfall angehen.

- **Wiederspielbarkeit**: Während du alleine spielst, kannst du die Levels mehrmals wiederholen, um mit verschiedenen Charakteren und Strategien zu experimentieren. Da die Levels prozedural generiert werden, sind keine zwei Spieldurchgänge gleich. Dies hält das Einzelspieler-Erlebnis spannend und bietet den Spielern die Möglichkeit, ihre Fähigkeiten zu verbessern und höhere Punktzahlen zu erreichen.

2. Koop-Multiplayer-Modus

Der kooperative Mehrspielermodus ist der Kern von *Monaco 2*, in dem sich die Spieler zusammenschließen, um Raubüberfälle durchzuführen. In diesem Modus stehen Teamwork und Kommunikation im Vordergrund, da jeder Spieler einen anderen Charakter mit einzigartigen Fähigkeiten steuert, die Koordination erfordern, um die Mission erfolgreich abzuschließen.

- **Bis zu 4 Spieler**: Du kannst dich mit bis zu drei anderen Spielern zusammenschließen, um Raubüberfälle zu planen und durchzuführen. Je mehr Spieler du hast, desto mehr Strategien und Taktiken stehen zur Verfügung, wodurch sich jede Mission dynamisch anfühlt. Die Synergie zwischen verschiedenen Charakterfähigkeiten, wie z. B. dem Hacker, der die Sicherheitsvorkehrungen umgeht, und dem Gentleman, der die Wachen ablenkt, ermöglicht kreative und abwechslungsreiche Herangehensweisen an jede Mission.

- **Private und öffentliche Lobbys**: Sie können entweder einem bestehenden Spiel beitreten oder Ihre eigene private Sitzung erstellen. In privaten Lobbys kannst du Freunde einladen, deine eigene Crew zu bilden, während du in öffentlichen Lobbys neue Spieler aus der ganzen Welt kennenlernen kannst. Das Spiel verfügt über ein Matchmaking, das sicherstellt, dass du mit Spielern mit ähnlichem Können gepaart bist, was die Multiplayer-Sitzungen unterhaltsam und herausfordernd macht.

- **Koop-Strategie**: Kommunikation ist der Schlüssel im *Multiplayer-Modus von Monaco 2*. Das Spiel verfügt über einen integrierten Voice-Chat und kontextbezogene Ping-Systeme, die den Spielern helfen, koordiniert zu bleiben, ohne Anwendungen von Drittanbietern zu benötigen. Egal, ob du deinem Teamkameraden signalisierst, eine Wache auszuschalten, oder deine Bewegungen während einer angespannten Flucht koordinierst – *Monaco 2* fördert Zusammenarbeit und Teamwork.

3. Kompetitiver Multiplayer-Modus

Zusätzlich zum kooperativen Gameplay führt *Monaco 2* einen kompetitiven Multiplayer-Modus für diejenigen ein, die ihre Fähigkeiten gegen andere Spieler testen möchten. In diesem Modus können die Spieler in Raubüberfällen gegeneinander antreten, mit dem Ziel, sich gegenseitig zu überlisten und auszumanövrieren, anstatt zusammenzuarbeiten.

- **PvP-Raubüberfälle**: Spieler können sich an Kopf-an-Kopf-Raubüberfällen beteiligen, bei denen zwei Teams von Spielern gegeneinander antreten, um ihre Ziele zuerst zu erreichen. Jedes Team hat die Aufgabe, ein hochkarätiges Ziel auszurauben, und der Wettbewerb besteht darin, wer den Raubüberfall am schnellsten oder mit der größten Finesse abschließen kann. In diesem Modus wird deine Fähigkeit auf die Probe gestellt, nicht nur einen perfekten Raubüberfall auszuführen, sondern auch den Fortschritt deiner Gegner zu sabotieren, ohne erwischt zu werden.

- **Bestenlisten**: Im kompetitiven Modus kannst du deine Leistung auf globalen Bestenlisten verfolgen. Egal, ob du in Bezug auf Geschwindigkeit, Stealth oder Ausführungsqualität antrittst, die Bestenlisten bieten eine Möglichkeit, deine Fähigkeiten mit anderen Spielern aus der ganzen Welt zu vergleichen.

4. Benutzerdefinierter Spielmodus

Für diejenigen, die die Dinge aufrütteln oder einzigartige Herausforderungen schaffen möchten, *enthält Monaco 2* einen benutzerdefinierten Spielmodus, der es den Spielern ermöglicht, Einstellungen und Parameter für ein persönlicheres Erlebnis anzupassen.

- **Benutzerdefiniertes Raubüberfall-Setup**: In diesem Modus können die Spieler verschiedene Elemente des Spiels ändern, wie z. B. den Schwierigkeitsgrad der feindlichen KI, das Layout der Levels und die für den Raubüberfall verfügbaren Werkzeuge. Dies ist perfekt für Spieler, die ihre eigenen Herausforderungen erstellen oder mit verschiedenen Szenarien experimentieren möchten. Du kannst Raubüberfälle erschweren, mehr Sicherheitsmaßnahmen einführen oder sogar einzigartige Wendungen wie eingeschränkte Fähigkeiten hinzufügen.

- **Missionseditor**: Für die wirklich kreativen Spieler *bietet Monaco 2* einen Missionseditor, mit dem Sie Ihre eigenen benutzerdefinierten Levels erstellen können. Du kannst deine eigenen Raubüberfälle entwerfen, Hindernisse, Wachen, Ziele und sogar Fallen platzieren und sie dann mit der Community teilen. Dies bringt einen nahezu unbegrenzten Wiederspielwert in das Spiel, da die Spieler von Benutzern erstellte Inhalte über das Basisspiel hinaus genießen können.

5. Plattformübergreifendes Spielen

Monaco 2 unterstützt plattformübergreifendes Spielen, sodass Spieler von verschiedenen Plattformen – ob auf PC, PlayStation,

Xbox oder Switch – sich zusammenschließen und an denselben Multiplayer-Sitzungen teilnehmen können. Diese Funktion öffnet die Spielerbasis, erleichtert das Auffinden von Übereinstimmungen und stellt sicher, dass Sie mit Ihren Freunden spielen können, unabhängig von der Plattform, auf der sie sich befinden.

- **Nahtloses plattformübergreifendes Erlebnis**: Egal, ob du an einem PC oder auf einer Konsole spielst, du wirst in der Lage sein, mit Freunden und Fremden gleichermaßen zu interagieren, ohne Barrieren. Das plattformübergreifende Spielen sorgt für eine florierende Multiplayer-Community und sorgt für Abwechslung in den Spielertypen, denen du begegnen kannst.

6. Online- vs. lokales Spiel

- **Online-Spiel**: Spieler können sich mit Online-Servern verbinden und in verschiedenen Multiplayer-Modi mit anderen spielen. Das Online-Spiel stellt sicher, dass du *Monaco 2* mit Freunden auf der ganzen Welt genießen kannst, unabhängig vom physischen Standort.

- **Lokales Spiel**: Für diejenigen, die ein intimeres Erlebnis bevorzugen oder mit Freunden zu Hause spielen möchten, *unterstützt Monaco 2* auch den lokalen Mehrspielermodus. Du kannst den Couch-Koop-Modus genießen, indem du mehrere Controller an dein System anbindest (verfügbar auf PlayStation, Xbox und Switch) und zusammenarbeiten, um die Raubüberfälle abzuschließen. Das lokale Spielen bringt eine persönlichere, praktischere Erfahrung in das Spiel.

7. Zukünftige Updates und zusätzliche Modi

Die Entwickler haben angedeutet, dass *Monaco 2* regelmäßige Updates erhalten wird, die neue Spielmodi, Raubüberfälle und Multiplayer-Optionen einführen. Ob durch saisonale Inhaltsupdates oder große Erweiterungen, die Spieler können sich nach der Veröffentlichung des Spiels auf neue Herausforderungen und Inhalte freuen.

Kapitel 2: Erste Schritte

2.1 Installieren und Einrichten des Spiels

Monaco 2 einzurichten und spielbereit zu machen, ist ein einfacher Vorgang, egal ob du auf dem PC oder der Konsole spielst. Führen Sie die folgenden Schritte aus, um das Spiel zu installieren und für ein optimales Erlebnis einzurichten.

1. Monaco *2* auf dem PC installieren

Sie können *Monaco 2* über beliebige digitale Vertriebsplattformen wie Steam oder den Epic Games Store auf Ihrem PC installieren. So geht's:

Dampfinstallation

1. **Kaufe das Spiel**

    ○ Öffnen Sie **Steam** und suchen Sie *im Store* nach Monaco 2.

    ○ Legen Sie das Spiel in Ihren Warenkorb und gehen Sie zur Kasse, um es zu kaufen.

2. **Herunterladen und Installieren**

    ○ Gehen Sie nach dem Kauf zu Ihrer **Bibliothek**.

    ○ Klicken Sie **neben** Monaco 2 auf *Installieren*.

- Das Spiel beginnt automatisch mit dem Download und Steam installiert es auf Ihrem PC.

3. **Starte das Spiel**

   - Sobald der Download abgeschlossen ist, klicken Sie auf **Aus Ihrer** Bibliothek **spielen**, um das Spiel zu starten.

Epic Games Store Installation

1. **Kaufe das Spiel**

   - Öffnen Sie den **Epic Games Launcher** und suchen Sie nach *Monaco 2*.

   - Legen Sie es in Ihren Warenkorb und schließen Sie den Kauf ab.

2. **Herunterladen und Installieren**

   - Gehe nach dem Kauf im **Epic Games Launcher** zu deiner Bibliothek.

   - Klicken Sie auf **Installieren** und wählen Sie den Ordner aus, in dem Sie das Spiel installieren möchten.

3. **Starte das Spiel**

   - Sobald die Installation abgeschlossen ist, klicken Sie auf **Starten,** um mit der Wiedergabe zu beginnen.

2. *Monaco 2* auf Konsolen installieren

Für PlayStation-, Xbox- und Nintendo Switch-Benutzer *kann Monaco 2* direkt in den jeweiligen digitalen Stores gekauft und heruntergeladen werden.

PlayStation (PS4 und PS5)

1. **Kaufe das Spiel**

    ○ Navigiere auf **deiner Konsole zum** PlayStation Store.

    ○ Suchen Sie nach *Monaco 2* und schließen Sie dann Ihren Kauf ab.

2. **Herunterladen und Installieren**

    ○ Das Spiel wird nach dem Kauf automatisch heruntergeladen. Überwachen Sie den Download im Abschnitt **Benachrichtigungen**.

3. **Starte das Spiel**

    ○ Suchen Sie nach dem Herunterladen das Spiel auf Ihrem **Startbildschirm** oder in der **Bibliothek** und drücken Sie **X,** um zu spielen.

Xbox (Xbox One und Xbox Series X|S)

1. **Kaufe das Spiel**

- Wechseln Sie **auf Ihrer Konsole** zum Microsoft Store.

- Suchen Sie nach *Monaco 2* und schließen Sie Ihren Kauf ab.

2. **Herunterladen und Installieren**

- Das Spiel wird nach dem Kauf automatisch heruntergeladen.

- Sie können den Download-Fortschritt unter **"Meine Spiele & Apps"** überprüfen.

3. **Starte das Spiel**

- Wählen Sie nach der Installation *Monaco 2* unter **"Meine Spiele & Apps"** aus und drücken Sie **A**, um mit dem Spielen zu beginnen.

Nintendo Switch

1. **Kaufe das Spiel**

- Öffne den **Nintendo eShop** auf deiner Switch.

- Suchen Sie nach *Monaco 2* und schließen Sie den Kauf ab.

2. **Herunterladen und Installieren**

- Nach dem Kauf beginnt der Download des Spiels automatisch.

3. **Starte das Spiel**

- Nachdem der Download des Spiels abgeschlossen ist, wähle *Monaco 2* aus dem **Home-Menü** aus und drücke **A** , um zu spielen.

3. Einrichten des Spiels

Befolgen Sie nach der Installation des Spiels diese Schritte, um das beste Erlebnis aus *Monaco 2 herauszuholen*:

Ersteinrichtung

1. **Spieleinstellungen anpassen**
   Wenn du Monaco 2 *zum ersten Mal startest*, wirst du aufgefordert, verschiedene Einstellungen anzupassen, darunter Grafik, Steuerung und Audio:

   - **Grafikeinstellungen**: Passen Sie Auflösung, Texturqualität und Bildrate an (für PC-Spieler). Konsolen legen automatisch die besten Grafikeinstellungen basierend auf der Plattform fest.

   - **Audioeinstellungen**: Passen Sie Soundeffekte, Musik und Voice-Chat-Lautstärke an.

   - **Steuerungseinstellungen**: Passen Sie die Tastenbelegung oder Tastenbelegung für Ihr bevorzugtes Steuerungsschema an (Tastatur und Maus für PC, Controller-Unterstützung für

Konsolen).

2. **Erstellen Sie ein Konto oder melden Sie sich bei einem Konto an**

    o Wenn du vorhast, im Mehrspielermodus zu spielen, musst du dich auf deiner Plattform (Steam, Epic Games, PlayStation Network, Xbox Live oder Nintendo Online) anmelden oder ein Konto erstellen.

    o Auf diese Weise können Sie den Fortschritt speichern, auf plattformübergreifendes Spielen zugreifen und Daten auf verschiedenen Geräten synchronisieren.

3. **Wählen Sie Ihre bevorzugte Sprache und Region**
    Monaco 2 bietet verschiedene Sprachoptionen und regionsbezogene Inhalte. Wählen Sie Ihre bevorzugte Sprache aus und stellen Sie sicher, dass Ihre Region für alle standortspezifischen Inhalte oder Dienste korrekt eingestellt ist.

Konfigurieren von Grafik und Leistung

Wenn Ihr System die empfohlenen Spezifikationen erfüllt (siehe Abschnitt 1.3), sollte das Spiel reibungslos laufen. Wenn jedoch Leistungsprobleme auftreten:

- **PC-Benutzer**: Sie können Einstellungen wie Schattenqualität, Anti-Aliasing und Texturauflösung für ein flüssigeres Gameplay verringern.

- **Konsolenbenutzer**: Das Spiel optimiert automatisch die Leistung deiner Konsole, aber stelle sicher, dass dein System auf die neueste Firmware aktualisiert ist, um das beste Erlebnis zu haben.

2.2 Benutzeroberfläche & HUD-Erklärung

Die Benutzeroberfläche (UI) und das Heads-up-Display (HUD) in *Monaco 2* sind so konzipiert, dass sie den Spielern alle wichtigen Informationen liefern, die sie für Raubüberfälle benötigen, und gleichzeitig ein sauberes und immersives Erlebnis bieten. Egal, ob du alleine oder mit einem Team spielst, es ist entscheidend für den Erfolg, zu verstehen, wie man die UI- und HUD-Elemente interpretiert. In diesem Abschnitt werden die wichtigsten Komponenten der Benutzeroberfläche des Spiels aufgeschlüsselt, um sicherzustellen, dass du bei einem Raubüberfall immer die Kontrolle behältst.

1. Hauptmenü der Benutzeroberfläche

Wenn Sie Monaco 2 *zum ersten Mal starten*, bietet das Hauptmenü eine übersichtliche und intuitive Benutzeroberfläche, mit der Sie zwischen verschiedenen Spielmodi, Einstellungen und Optionen navigieren können.

- **Spiel starten**: Hier beginnst du deinen Raubüberfall. Wenn du diese Option auswählst, gelangst du zum Missionsauswahlbildschirm, wo du wählen kannst, ob du den Story-Modus, den kooperativen Mehrspielermodus oder benutzerdefinierte Missionen spielen möchtest.

- **Optionen**: Hier können Sie Spieleinstellungen wie Grafik, Audio, Steuerung und Barrierefreiheitsoptionen anpassen. Es ist eine gute Idee, diese Einstellungen zu überprüfen, bevor Sie Ihren ersten Raubüberfall starten.

- **Multiplayer**: Dieser Bereich ist dem Online- und lokalen Multiplayer gewidmet. Sie können ein Spiel mit Freunden oder zufälligen Spielern erstellen oder einem Spiel beitreten. Es enthält Optionen für öffentliche und private Lobbys.

- **Extras**: Zusätzliche Inhalte wie die Credits, Community-Kreationen und DLCs (Downloadable Content) sind hier zugänglich.

- **Beenden**: Wenn du fertig bist oder eine Pause brauchst, beendet diese Option das Spiel oder bringt dich zurück zum Desktop.

2. Übersicht über das HUD im Spiel

Das HUD in *Monaco 2* bietet alle wichtigen Informationen, die du während des Spiels benötigst. Egal, ob du dich an Wachen vorbeischleichst oder Safes knackst, das HUD gibt dir in Echtzeit einen Überblick über deinen Fortschritt, deine Umgebung und deine Ziele.

2.1. Informationen zu den Charakteren

- **Charakterporträt**: Oben links oder unten links auf dem Bildschirm siehst du das Porträt des Charakters, den du gerade steuerst. Dieses Porträt wird begleitet von:

  - **Gesundheitsbalken**: Eine visuelle Darstellung der Gesundheit deines Charakters. Wenn der Gesundheitsbalken leer ist, wird dein Charakter außer Gefecht gesetzt und muss möglicherweise von einem Teamkameraden im Mehrspielermodus wiederbelebt werden.

○ **Spezialfähigkeitenanzeige**: Jeder Charakter in *Monaco 2* hat eine einzigartige Fähigkeit (z. B. Hacken oder Ablenken von Wachen). Die Fähigkeitsanzeige zeigt an, wie viel Energie für diese Spezialaktionen übrig bleibt.

2.2. Minikarte

Die Minikarte, die sich in der oberen rechten Ecke des Bildschirms befindet, ist dein wichtigstes Navigationswerkzeug während des Raubüberfalls. Es zeigt das Layout der aktuellen Ebene und wichtige Elemente wie:

● **Spielerposition**: Dein Charakter ist durch einen Punkt oder ein Symbol gekennzeichnet.

● **Zielmarkierungen**: Diese werden als Symbole oder Symbole auf der Karte angezeigt und zeigen an, wohin du gehen musst oder was du tun musst (z. B. den Tresor erreichen, das Sicherheitssystem deaktivieren).

● **Wachpositionen**: Die Wachen werden auf der Minikarte angezeigt und helfen dir, nicht entdeckt zu werden. Ihre Sichtkegel oder ihr Alarmstatus werden in der Regel durch farbcodierte Symbole dargestellt.

● **Ausstiegspunkte**: Diese sind deutlich gekennzeichnet und zeigen die Lage der Fluchtwege, die für den Abschluss des Raubüberfalls und eine saubere Flucht unerlässlich sind.

2.3. Fortschritt und Ziele der Mission

Dieser Abschnitt wird entweder am oberen oder unteren Bildschirmrand angezeigt und enthält detaillierte Informationen zu Ihren aktuellen Zielen. Es beinhaltet:

- **Primäres Ziel**: Das Hauptziel deines aktuellen Raubüberfalls (z. B. eine Bank ausrauben, einen bestimmten Gegenstand stehlen).

- **Sekundäre Ziele**: Optionale Aufgaben, die dir zusätzliche Punkte oder Belohnungen einbringen können (z. B. alle Kameras deaktivieren, zusätzliche Beute stehlen).

- **Timer** (falls zutreffend): In zeitbasierten Missionen zeigt dieser an, wie viel Zeit verbleibt, bis der Raubüberfall komplizierter wird oder der Alarm ausgelöst wird.

- **Indikator für den Abschluss** einer Mission: Wenn du eine Aufgabe oder ein Ziel abgeschlossen hast, erscheint daneben ein Häkchen oder eine ähnliche Anzeige.

2.4. Inventar

- **Gegenstandssymbole**: Am unteren Bildschirmrand (oder an der Seite, je nach Plattform) siehst du Symbole, die Gegenstände in deinem Inventar darstellen. Dazu gehören Werkzeuge wie Dietriche, Granaten oder Rauchbomben sowie spezielle Ausrüstung, die du während der Mission gesammelt hast.

- **Anzahl der Elemente**: Neben jedem Element sehen Sie eine Zahl, die angibt, wie viele dieser Elemente Sie noch haben. Behalte den Überblick über deine Vorräte, denn wenn dir die kritischen Werkzeuge ausgehen, kann das den Erfolg des Raubüberfalls gefährden.

2.5. Warnungen und Benachrichtigungen

Im Laufe des Spiels erscheinen bestimmte Warnungen oder Benachrichtigungen auf dem Bildschirm. Diese dienen dazu, dich über wichtige Ereignisse im Spiel zu informieren:

- **Wachwarnungen**: Wenn ein Wachmann Sie bemerkt oder ein Geräusch hört, wird eine Benachrichtigung angezeigt, die signalisiert, dass er Ihren Standort untersucht oder sich Ihrer Anwesenheit bewusst ist.

- **Aktualisierungen der Ziele**: Im Laufe der Mission wird das HUD mit neuen Zielinformationen oder Änderungen aktualisiert.

- **Erlittener Schaden**: Wenn du Schaden erleidest, kann ein roter Blitz auf dem Bildschirm oder ein Warnsymbol erscheinen. Dies ist dein Stichwort, um zu heilen oder Deckung zu finden.

2.6. Spielerkommunikation (Multiplayer)

Im Multiplayer-Modus enthält das HUD Kommunikationsoptionen für die Koordination mit Teammitgliedern:

- **Voice-Chat-Anzeige**: Wenn Sie den Voice-Chat verwenden, wird ein Symbol angezeigt, das anzeigt, wer spricht.

- **Ping-System**: Spieler können ein kontextbezogenes Ping-System verwenden, um bestimmte Interessengebiete anzuzeigen (z. B. "Halte hier Ausschau nach Wachen" oder "Hier ist die Beute").

- **Gesundheit der Teammitglieder**: Du kannst den Gesundheitszustand deiner Teamkameraden sehen, was für die Rettung niedergeschlagener Spieler oder die Koordination der Heilung entscheidend ist.

3. Navigieren in der Welt

- **Interaktive Objekte**: Gegenstände, mit denen interagiert werden kann (z. B. Türen, Sicherheitssysteme, Tresore), werden hervorgehoben, wenn Sie sich ihnen nähern. Diese Objekte werden in der Regel mit einem Leuchteffekt oder einer kontextabhängigen Tastenansage angezeigt (z. B. "Zum Hacken E drücken" oder "X gedrückt halten, um die Tür zu öffnen").

- **Stealth-Indikatoren**: In Stealth-Abschnitten liefert dein HUD visuelle Hinweise wie ein Augensymbol oder einen Schallmesser, der anzeigt, ob du sichtbar bist oder Geräusche machst. So kannst du einschätzen, ob du gleich von Feinden entdeckt wirst.

4. Anpassen des HUD

Monaco 2 bietet die Möglichkeit, die HUD-Elemente für ein persönlicheres Erlebnis anzupassen. Im Menü **"Optionen"** haben Sie folgende Möglichkeiten:

- **Umschalten oder Anpassen der Sichtbarkeit** für bestimmte HUD-Elemente (z. B. Minikarte, Zielmarkierungen usw.).

- **Passen Sie die Größe** der HUD-Elemente an, wenn Sie eine minimalistischere Benutzeroberfläche bevorzugen oder wenn Sie Anforderungen an die Barrierefreiheit haben.

- **Aktivieren Sie den Farbenblind-Modus**, um bestimmte Indikatoren wie feindliche Sichtkegel oder Zielmarkierungen besser sichtbar zu machen.

2.3 Bedienelemente und Anpassungsoptionen

In *Monaco 2* ist die Beherrschung der Steuerung unerlässlich, um erfolgreiche Raubüberfälle durchzuführen. Egal, ob du dich an Wachen vorbeischleichst, Systeme hackst oder mit der Beute entkommst, das Verständnis und die Anpassung der Steuerung wird dir helfen, bessere Leistungen zu erbringen. In diesem Abschnitt wird das Standardsteuerungsschema aufgeschlüsselt und du wirst durch die Anpassungsoptionen geführt, um dein Spielerlebnis anzupassen.

1. Standard-Kontrollschema

1.1. PC-Steuerung

Auf dem PC *unterstützt Monaco 2* sowohl Tastatur und Maus als auch Gamepad-Eingaben. Im Folgenden finden Sie die Standardeinstellungen für die einzelnen Steuerelemente.

Tastatur und Maus:

- **W, A, S, D**: Figur bewegen (oben, links, unten, rechts)

- **Maus**: Zielen und sich umsehen

  - **Linke Maustaste**: Interagiere mit Objekten, hebe Gegenstände auf oder greife an (falls zutreffend)

  - **Rechte Maustaste**: Nutze die Spezialfähigkeit des Charakters

- **E**: Verwende einen Gegenstand oder interagiere mit Objekten (z. B. ein Terminal hacken, eine Tür öffnen)

- **F**: Gegenstand fallen lassen (z. B. eine Granate werfen oder einen Gegenstand platzieren)

- **F**: Fokussieren/Vergrößern (für bessere Präzision beim Zielen oder Hacken)

- **R**: Waffe nachladen (falls zutreffend)

- **Leertaste**: Sprint (falls für den Charakter verfügbar)

- **Umschalt (Halten):** Hocken (für Tarnung)

- **Tab:** Öffne die Karte oder die Zielliste

- **Esc:** Pausiere das Spiel oder öffne das Hauptmenü

- **1-4 (Zifferntasten):** Wähle Gegenstände in deinem Inventar aus (z.B. Dietriche, Rauchbomben, etc.)

Gamepad-Steuerung (für Xbox/PlayStation-Controller auf PC)

- **Linker Stick:** Charakter bewegen (oben, unten, links, rechts)

- **Rechter Stick:** Zielen und sich umsehen

- **A (Xbox) / X (PlayStation):** Interagiere mit Objekten, hebe Gegenstände auf oder greife an

- **B (Xbox) / Kreis (PlayStation):** Nutze die Spezialfähigkeit des Charakters

- **X (Xbox) / Quadrat (PlayStation):** Verwende einen Gegenstand oder interagiere mit Objekten

- **LT (Xbox) / L2 (PlayStation):** Crouch (für Stealth)

- **RT (Xbox) / R2 (PlayStation):** Sprint (falls verfügbar)

- **Y (Xbox) / Dreieck (PlayStation):** Gegenstand fallen lassen (z. B. eine Granate werfen oder einen Gegenstand platzieren)

- **Start**: Öffnen Sie das Hauptmenü oder pausieren Sie das Spiel

- **Zurück (Xbox) / Auswählen (PlayStation):** Inventar oder Karte öffnen

1.2. Steuerung der Konsole

Die Standardsteuerungsschemata für *Monaco 2* auf Konsolen (PlayStation, Xbox und Nintendo Switch) ähneln denen des PCs, wurden jedoch für die jeweiligen Controller der jeweiligen Konsole angepasst. Hier ist eine kurze Aufschlüsselung:

PlayStation (PS4/PS5)

- **Linker Stick**: Charakter bewegen

- **Rechter Stick**: Zielen und sich umsehen

- **Quadrat**: Interagiere oder hebe Objekte auf

- **Kreis**: Spezialfähigkeit einsetzen

- **X**: Element ablegen oder mit der Umgebung interagieren

- **R2**: Sprint (wenn verfügbar)

- **L2**: Hocken (für Tarnung)

- **L1**: Wechseln von Gegenständen im Inventar

- **Start**: Öffnen Sie das Hauptmenü oder pausieren Sie

- **Touchpad**: Karte oder Ziele öffnen

- **Optionen**: Inventar

Xbox (Xbox One/Xbox Series X|S)

- **Linker Stick**: Charakter bewegen

- **Rechter Stick**: Zielen und sich umsehen

- **A**: Interagieren oder Objekte aufnehmen

- **B**: Spezialfähigkeit einsetzen

- **X**: Element ablegen oder mit der Umgebung interagieren

- **RT:** Sprint

- **LT:** Hocken (für Tarnung)

- **RB:** Tausche Gegenstände im Inventar

- **Menü**: Öffnen Sie das Hauptmenü oder pausieren Sie

- **Ansicht**: Karte oder Ziele öffnen

Nintendo Switch

- **Linker Stick**: Charakter bewegen

- **Rechter Stick**: Zielen und sich umsehen

- **A**: Interagieren oder Objekte aufnehmen

- **B**: Spezialfähigkeit einsetzen

- **X**: Element ablegen oder mit der Umgebung interagieren

- **R**: Sprint

- **L**: Hocken (für Tarnung)

- **ZL/ZR**: Gegenstände im Inventar wechseln

- **Start**: Hauptmenü öffnen oder pausieren

- **Plus-Button**: Karte oder Ziele öffnen

2. Anpassen von Steuerelementen

Das Anpassen der Steuerung kann für ein persönlicheres Spielerlebnis sorgen. Hier erfährst du, wie du deine Steuerung in *Monaco 2* an deinen Spielstil anpassen kannst:

2.1. Tastenbelegung (PC)

Auf dem PC können Sie Ihre Tastenbelegungen ändern, um eine komfortablere Einrichtung zu ermöglichen. So passen Sie Ihre Steuerelemente an:

1. **Greifen Sie auf das Optionsmenü zu**: Gehen Sie im Hauptmenü zu **Optionen** und wählen Sie **Steuerung**.

2. **Tastenbelegungen anpassen**: Das Spiel zeigt Ihnen eine Liste aller Aktionen und der entsprechenden

Tastenbelegungen an.

- ○ Klicken Sie auf eine beliebige Aktion (z. B. **Interagieren, Fähigkeit nutzen, Sprinten**) und drücken Sie die neue Taste, die Sie zuweisen möchten.

- ○ Sie können jeden Schlüssel nach Belieben neu binden. Wenn du zum Beispiel **F** zum Sprinten anstelle von **Shift bevorzugst**, weise es einfach in den Einstellungen zu.

3. **Einstellungen speichern**: Wenn Sie mit Ihren Änderungen zufrieden sind, speichern Sie die Einstellungen und kehren Sie zum Spiel zurück.

2.2. Gamepad-Konfiguration (PC & Konsolen)

Auf Konsolen sind die Steuerelemente voreingestellt, aber auf dem PC können Sie auch verschiedene Controller-Layouts anpassen oder zwischen ihnen wechseln. Wenn Sie ein Gamepad verwenden, gehen Sie wie folgt vor, um es zu konfigurieren:

1. **Greifen Sie auf das Optionsmenü zu**: Gehen Sie im Hauptmenü zu **Optionen** und wählen Sie **Steuerung**.

2. **Controller-Layouts**: Sie können zwischen verschiedenen Layouts wählen oder sogar Tasten für Ihren Controller neu zuordnen.

3. **Benutzerdefinierte Profile**: Auf bestimmten Plattformen wie Steam können Sie benutzerdefinierte Controller-Profile speichern, um schnell zwischen verschiedenen

Steuerungsschemata zu wechseln.

2.3. Einstellen der Empfindlichkeit

Möglicherweise möchten Sie die Empfindlichkeit Ihrer Maus oder Ihres Gamepads anpassen, um ein reibungsloses und präzises Zielen zu gewährleisten. Dies ist besonders nützlich für Stealth-lastiges Gameplay, bei dem subtile Bewegungen wichtig sind.

1. **Mausempfindlichkeit (PC): Suchen Sie im Einstellungsmenü** der Steuerung nach dem Schieberegler **Mausempfindlichkeit**. Erhöhen oder verringern Sie die Empfindlichkeit je nach Ihren Wünschen.

2. **Gamepad-Empfindlichkeit**: In ähnlicher Weise können Gamepad-Benutzer die **Zielempfindlichkeit** und die **Bewegungsempfindlichkeit** im Einstellungsmenü anpassen, damit sich die Steuerung reaktionsschneller oder einfacher zu steuern anfühlt.

2.4. Optionen für die Barrierefreiheit

Monaco 2 enthält mehrere Zugänglichkeitsoptionen, um das Spiel für alle angenehmer zu gestalten. Diese Optionen finden Sie im Menü **Optionen** unter **Barrierefreiheit**:

- **Untertitel**: Aktiviere die Untertitel für Dialoge im Spiel.

- **Farbenblind-Modus**: Passe die Farbeinstellungen an, um das HUD für Spieler mit Farbenblindheit besser lesbar zu machen.

- **Visuelle Hinweise**: Aktivieren oder passen Sie visuelle Hinweise für Aktionen wie niedrige Gesundheit, das Aufspüren von Wachen oder Missionsziele an.

3. Tipps zum Meistern der Steuerung

- **Üben Sie im Trainingsmodus**: Bevor Sie in Missionen eintauchen, verbringen Sie einige Zeit in einem Nicht-Kampfbereich, um Ihre Bewegungen und Interaktionen mit der Umgebung zu üben.

- **Wechseln Sie zu einem Gamepad**: Wenn Sie auf dem PC spielen und einen Controller bevorzugen, kann die Verwendung eines Gamepads bei Multiplayer-Sitzungen für ein flüssigeres Erlebnis sorgen.

- **Hotkeys für schnelle Aktionen verwenden**: Wenn du eine Tastatur und eine Maus verwendest, weise den Zifferntasten häufig verwendete Gegenstände oder Fähigkeiten zu, um bei Raubüberfällen schneller darauf zugreifen zu können.

- **Bleiben Sie konsistent**: Sobald Sie ein Steuerungslayout gefunden haben, mit dem Sie sich wohl fühlen, versuchen Sie, sich daran zu halten, um ein Muskelgedächtnis aufzubauen, insbesondere bei komplexeren Missionen.

2.4 Grundlegende Mechanik und Bewegung

In *Monaco 2* ist die Beherrschung der grundlegenden Mechanik und Bewegung unerlässlich, um zu überleben und erfolgreich zu sein. Egal, ob du dich an Wachen vorbeischleichst, durch enge Räume entkommst oder deine Umgebung zu deinem Vorteil nutzt, wenn du diese Mechaniken verstehst, verschafft dir das in jeder Mission einen Vorteil. In diesem Abschnitt erfährst du mehr über das grundlegende Bewegungssystem und die Spielmechaniken, die dir helfen, die präzisesten und effizientesten Aktionen auszuführen.

1. Grundlegende Bewegung

Das Bewegen deines Charakters ist die Grundlage aller Raubüberfälle. In *Monaco 2* musst du dich strategisch, schnell und unauffällig bewegen.

1.1. Gehen und Laufen

- **Gehen**: Sie bewegen sich standardmäßig in einem moderaten Tempo. Laufen ist nützlich, wenn du dich leise bewegen musst oder wenn du dich in der Nähe von Wachen oder anderen Feinden befindest. Es ist wichtig, so leise wie möglich zu bleiben, um nicht entdeckt zu werden.

- **Laufen**: Um schneller voranzukommen, verwenden Sie den Sprint-Befehl:

    - **PC:** Umschalttaste **gedrückt halten (Standard)**

    - **Gamepad:** RT (Xbox) / R2 (PlayStation) / R (Switch) **gedrückt halten**.

Laufen ist nützlich, um schnell eine Strecke zurückzulegen, kann aber auch Wachen auf deine Anwesenheit aufmerksam machen, wenn du nicht aufpasst. Setze es mit Bedacht in Bereichen ein, in denen du weißt, dass du sicher bist, oder bei Fluchten.

1.2. In die Hocke gehen

Das Hocken ist eine wichtige Stealth-Mechanik in *Monaco 2*. Wenn du dich duckst, bewegt sich dein Charakter langsamer, macht aber weniger Geräusche, was es einfacher macht, der Entdeckung durch Feinde zu entgehen.

- **PC:** Drücken Sie **die Strg-Taste** oder halten Sie **die Umschalttaste gedrückt** , während Sie sich bewegen, um in die Hocke zu gehen.

- **Gamepad:** Halten Sie **LT (Xbox/PlayStation)** oder **L (Switch) gedrückt** , um in die Hocke zu gehen.

Gehe in die Hocke, wenn du in der Nähe von Wachen navigierst oder um dich im Schatten zu verstecken. Dies ist entscheidend für Stealth-Missionen und die Flucht vor feindlichen Sichten.

1.3. Interaktion mit der Umwelt

Deine Umgebung ist ein wichtiger Teil deiner Bewegung. Die Interaktion mit Türen, Fenstern oder anderen Objekten kann den Unterschied zwischen Erfolg und Misserfolg ausmachen.

- **PC:** Drücke **E**, um mit Objekten wie Türen zu interagieren, Terminals zu hacken, Schlösser zu knacken oder andere Ereignisse in der Umgebung auszulösen.

- **Gamepad:** Drücke **X** (Xbox/PlayStation) oder **A (Switch),** um mit Objekten zu interagieren.

Zu verstehen, wann und wie man effizient mit der Umgebung interagiert, ist der Schlüssel zur Planung erfolgreicher Raubüberfälle.

2. Fortgeschrittene Bewegung

Zusätzlich zu den grundlegenden Funktionen des Gehens, Laufens und Hockens *bietet Monaco 2* fortgeschrittenere Bewegungstechniken, die dir helfen, dich auf der Karte zurechtzufinden und mit Hindernissen umzugehen.

2.1. Voltigieren und Klettern

Bestimmte Hindernisse in der Umgebung, wie niedrige Wände, Geländer oder andere vertikale Flächen, können durch Springen, Klettern oder Klettern überwunden werden.

- **PC:** Nähern Sie sich dem Objekt und drücken Sie die **Leertaste**, um darüber zu springen. Zum Klettern auf Leitern oder ähnlichen Untergründen verwenden Sie **W** zum Klettern.

- **Gamepad**: Nähere dich dem Hindernis und drücke **A** (Xbox/PlayStation) oder **B (Switch),** um darüber zu springen.

Das Springen ist besonders nützlich, wenn du Feinden ausweichst oder schnell Gebiete durchquerst, während das Klettern dir helfen kann, höheres Gelände zu erreichen, um strategische Vorteile zu erzielen.

2.2. Rollen und Schieben

Wenn Sie sich der Erkennung entziehen oder sich schnell durch enge Räume bewegen müssen, kann Ihnen das Rollen oder Rutschen einen zusätzlichen Geschwindigkeitsschub verleihen.

- **PC:** Drücken Sie **Q** oder doppeltippen Sie auf **W** (je nach Konfiguration), um eine Rollen- oder Schiebeaktion auszuführen.

- **Gamepad**: Drücke **B** (Xbox/PlayStation) oder **Kreis (Switch),** um zu rollen oder zu schieben.

Nutze diese Mechanik, um schnell einer Nahbegegnung zu entkommen oder unter einer niedrigen Barriere hindurchzutauchen, ohne den Schwung zu verlieren.

3. Stealth- und Noise-Mechanik

In *Monaco 2* ist Stealth von entscheidender Bedeutung. Viele deiner Missionen erfordern, dass du dich unentdeckt bewegst, und dazu musst du deinen Lärm und deine Sicht kontrollieren.

3.1. Geräuschpegel

Jede Aktion, die du ausführst, erzeugt eine bestimmte Menge an Lärm, der Wachen in der Nähe alarmieren kann. Aktivitäten wie Sprinten, Türen öffnen oder Glas zerbrechen machen eher Geräusche. Um eine Erkennung zu vermeiden, versuchen Sie Folgendes:

- **Gehen, nicht rennen**: Laufen erzeugt mehr Lärm, während Sie durch Gehen unauffälliger bleiben.

- **Verwenden Sie Deckung**: Bleiben Sie hinter Gegenständen wie Wänden, Säulen und Möbeln, um das Risiko zu verringern, gesehen zu werden.

- **Ablenkende Wachen**: Verwende Objekte, um Ablenkungen zu schaffen, die Wachen von deinem Weg abzulenken und dir die Möglichkeit zu geben, dich sicher zu bewegen.

3.2. Sicht und Bewusstsein der Wache

Die Wachen in *Monaco 2* sind mit einem Sichtkegel ausgestattet, mit dem sie deine Anwesenheit erkennen können. Wenn du dich in ihrer Sichtlinie bewegst oder zu viel Lärm machst, erhöhen sich deine Chancen, erwischt zu werden.

- **Wächtersichtkegel**: Achten Sie auf die visuellen Anzeigen der Wachen. Ihr Sichtkegel wird auf der Karte und durch visuelle Hinweise dargestellt. Wenn Sie gesehen werden, erhöht sich die Alarmstufe.

- **Alarmstatus**: Wenn ein Wärter ein Geräusch hört oder Sie entdeckt, wechselt er in den Status "Alarm" und sucht nach Ihnen. Wenn sie dich erblicken, könnte die Mission gefährdet sein.

Bei der Tarnung geht es um Geduld, also achte darauf, die Bewegungen der Wachen im Auge zu behalten und ihre Sichtkegel zu vermeiden.

4. Spezielle Bewegungsfähigkeiten

Jeder Charakter in *Monaco 2* hat eine besondere Fähigkeit, die mit der Bewegung zusammenhängt. Wenn du diese Fähigkeiten verstehst, kannst du während eines Raubüberfalls effizientere Schritte ausführen.

4.1. Einzigartige Charakterfähigkeiten

Jeder Charakter hat seine eigene einzigartige Bewegungsmechanik, die seiner Rolle im Raubüberfall eine strategische Ebene hinzufügt.

- **Der Hacker**: Der Hacker kann Sicherheitssysteme effizienter umgehen und verfügt über eine besondere Bewegungsfähigkeit, die es ihm ermöglicht, sich für kurze Zeit unbemerkt durch gesperrte Bereiche zu bewegen.

- **Der Taschendieb**: Der Taschendieb hat die Fähigkeit, schneller zu rennen und schneller über Hindernisse zu springen, was ihm hilft, in intensiven Momenten der Gefangennahme zu entgehen.

- **Der Reiniger**: Der Reiniger kann sich leise bewegen und ist schneller in der Hocke, was ihn perfekt für Stealth-Missionen macht.

Der Einsatz dieser Fähigkeiten im richtigen Moment kann den Verlauf einer Mission verändern und dir helfen, dein Ziel schneller zu erreichen.

5. Interaktion mit Objekten und der Umgebung

Bewegung ist zwar wichtig, aber die Interaktion mit Ihrer Umgebung ist ebenso wichtig. Diese Interaktionen können dir helfen, Vorteile zu erlangen, Gefahren zu entkommen oder Rätsel zu lösen.

5.1. Öffnen und Schließen von Türen

In *Monaco 2* sind Türen ein primäres Mittel, um zwischen den Bereichen zu navigieren, aber sie können auch eine Gefahrenquelle sein, wenn du nicht aufpasst.

- **Türen öffnen**: Wenn du dich einer Tür näherst, drücke **E** (PC) oder **X** (Gamepad), um sie zu öffnen. Sei dir bewusst, dass ein zu schnelles oder zu lautes Öffnen von Türen die Wachen in der Nähe alarmieren kann.

- **Türen schließen**: Nachdem du einen Bereich betreten hast, kannst du Türen hinter dir schließen, um Wachen zu blockieren oder es ihnen zu erschweren, dir zu folgen.

5.2. Verstecken und Verbergen

In bestimmten Umgebungen gibt es Orte, an denen du dich verstecken kannst, um nicht von Wachen entdeckt zu werden.

- **Verstecken in Schatten**: Suchen Sie nach dunklen Bereichen oder Orten, an denen Sie sich ducken können, um sich in die Umgebung einzufügen.

- **Objekte verstecken**: Du kannst dich auch hinter oder in bestimmten Objekten (wie Kisten, Schränken oder Schließfächern) verstecken, was nützlich ist, wenn sich Wachen nähern.

5.3. Die Umgebung zu Ihrem Vorteil nutzen

Manchmal können Sie auf Dinge wie Überwachungskameras, Alarme oder Fallen stoßen. Es kann entscheidend sein zu wissen, wie man diese Umwelthindernisse deaktiviert oder vermeidet.

- **Deaktivieren von Sicherheitssystemen**: Bestimmte Charaktere haben die Fähigkeit, Überwachungskameras, Alarme oder andere Überwachungsgeräte zu deaktivieren. Der **Hacker** ist hier besonders nützlich.

- **Verwendung von Umgebungsobjekten**: Du kannst Gegenstände wie Rauchbomben, Feuerlöscher oder Sprengstoff verwenden, um Wege freizumachen oder Feinde abzulenken, was dir bei einem Raubüberfall die Oberhand verschafft.

6. Meistern Sie die Bewegung für den Erfolg eines Raubüberfalls

- **Deckung verwenden**: Suche immer nach Objekten oder Wänden, hinter denen du dich verstecken kannst, um nicht von Feinden entdeckt zu werden.

- **Lass es langsam angehen**: In Stealth-lastigen Missionen führt es oft zu besseren Ergebnissen, wenn du dir Zeit nimmst, um dich vorsichtig zu bewegen, als wenn du dich beeilst.

- **Koordiniere dich mit Teamkollegen**: Im Mehrspielermodus nutzt du fortgeschrittene Bewegungstechniken und Fähigkeiten, um dich gegenseitig zu unterstützen. Zum Beispiel kann ein Spieler eine

Ablenkung erzeugen, während sich andere durch gesperrte Bereiche bewegen.

Kapitel 3: Die Crew und die Charaktere

3.1 Charakterklassen und ihre Rollen

In *Monaco 2* ist jeder Charakter mit einer einzigartigen Rolle und einer Reihe von Fähigkeiten ausgestattet, die zum Erfolg deines Raubüberfalls beitragen. Das Verständnis der Stärken und Rollen jedes Charakters ist der Schlüssel zu einer gut geplanten und effizienten Operation. Im Folgenden sind die primären Charakterklassen und ihre Rollen im Spiel aufgeführt:

1. Der Hacker (Tech-Spezialist)

- **Rolle**: Der Hacker ist ein Meister der Technologie und der Systeme. Ihre Aufgabe ist es, Sicherheitssysteme zu deaktivieren, Terminals zu hacken und elektronische Geräte zu manipulieren, um dem Team einen Vorteil zu verschaffen.

- **Stärken**: Hervorragend geeignet für die Umgehung von Sicherheitssystemen, einschließlich Kameras, Alarmanlagen und verschlossenen Türen. Sie können auch auf Computerterminals zugreifen, um Informationen zu sammeln oder die Feinderkennung zu deaktivieren.

- **Schwächen**: Der Hacker hat im Vergleich zu anderen Charakteren niedrigere physische Werte (Gesundheit, Ausdauer), so dass er sich auf Tarnung und Technologie verlassen muss, um sicher zu bleiben.

2. Der Taschendieb (Stealth-Experte)

- **Rolle**: Der Taschendieb ist ein verstohlener und flinker Charakter, der in der Lage ist, unbemerkt an Wachen vorbeizuschlüpfen und Gegenstände zu stehlen, ohne entdeckt zu werden.

- **Stärken**: Hohe Mobilität und Tarnung. Sie können Gegenstände von Feinden stehlen oder mit der Umgebung interagieren, ohne Alarm zu schlagen. Der Taschendieb kann sich auch schnell durch die Karte bewegen, was ihn ideal für hinterhältige Missionen macht.

- **Schwächen**: Fehlt es an schweren Kampffähigkeiten, was sie in direkten Konfrontationen verwundbar macht. Am besten für getarnte, taktische Spielstile geeignet.

3. Der Reiniger (Kampfspezialist)

- **Rolle**: Der Cleaner ist die erste Adresse des Teams, wenn es um den Umgang mit gefährlichen Situationen geht. Sie zeichnen sich im Kampf aus und können mit großen Gruppen von Feinden umgehen.

- **Stärken**: Hohe Kampffähigkeit, in der Lage, Feinde schnell mit Schusswaffen oder im Nahkampf auszuschalten. Der Reiniger verfügt außerdem über eine ausgezeichnete Gesundheit und Ausdauer, was ihn in Situationen mit hohem Stress widerstandsfähig macht.

- **Schwächen**: Weniger unauffällig und auffälliger, daher ist der Reiniger nicht so gut für Missionen geeignet, die

Diskretion oder Subtilität erfordern.

4. Der Gentleman (Social Engineer)

- **Rolle**: Der Gentleman ist ein Meister der Überzeugungskraft und Diplomatie, der in der Lage ist, NPCs zu manipulieren, Feinde abzulenken oder sich einen Weg durch Hindernisse zu bahnen.

- **Stärken**: Hervorragend darin, Wachen abzulenken, NPCs zur Hilfe zu bewegen oder sich ohne Konfrontation Zugang zu gesperrten Bereichen zu verschaffen. Auch feindliche Situationen können der Gentleman mit seiner Ausstrahlung entschärfen.

- **Schwächen**: Schwach in direkten Kampfsituationen. Ihre Stärke liegt vor allem in sozialen Interaktionen und geschickter Manipulation und nicht in der körperlichen Konfrontation.

5. Der Maulwurf (Sprengstoffexperte)

- **Rolle**: Der Maulwurf ist auf den Einsatz von Sprengstoff und die Schaffung taktischer Vorteile durch Zerstörung spezialisiert. Sie eignen sich hervorragend, um Wege freizuräumen und mit feindlichen Befestigungen fertig zu werden.

- **Stärken**: Hoher Explosivschaden, ideal zum Durchbrechen gesperrter Bereiche oder zum Erzeugen von Ablenkungen. Der Maulwurf kann während der Missionen erhebliches Chaos verursachen, indem er den Weltraum räumt oder

Hochsicherheitsbereiche auslöscht.

- **Schwächen**: Sprengstoffe können manchmal unberechenbar sein und erfordern eine genaue Planung, um das Team nicht zu beschädigen oder Feinde nicht vorzeitig zu alarmieren.

3.2 Einzigartige Fähigkeiten und Stärken

Jeder Charakter in *Monaco 2* ist mit einer einzigartigen Fähigkeit ausgestattet, die ihn von den anderen abhebt. Wenn du verstehst, wie du diese Fähigkeiten während der Missionen nutzen kannst, erhöhen sich deine Erfolgschancen.

1. Der Hacker: Systemüberschreibung

- **Fähigkeit**: Der Hacker kann Sicherheitssysteme, einschließlich Kameras, Alarme und verschlossene Türen, vorübergehend deaktivieren und so sichere Wege für das Team schaffen.

- **Nützlichkeit**: Diese Fähigkeit ist von unschätzbarem Wert, wenn man sich in Hochsicherheitsbereichen bewegt und es anderen Teammitgliedern ermöglicht, unbemerkt zu bleiben. Der Hacker ist unerlässlich, um die elektronische Überwachung zu eliminieren.

2. Der Taschendieb: Schnelle Finger

- **Fähigkeit**: Der Taschendieb kann Gegenstände von NPCs und Feinden stehlen, ohne entdeckt zu werden, selbst wenn er sich in unmittelbarer Nähe befindet.

- **Nützlichkeit**: Diese Fähigkeit eignet sich hervorragend, um wichtige Gegenstände wie Geld, Schlüssel oder wichtige Werkzeuge zu erhalten, die für das Erreichen von Zielen unerlässlich sind, ohne Feinde zu alarmieren.

3. Der Reiniger: Schwere Hände

- **Fähigkeit**: Der Reiniger kann Gegner im Nahkampf überwältigen, Gegnern hohen Schaden zufügen und sie schnell außer Gefecht setzen.

- **Nützlichkeit**: Der Reiniger ist die beste Wahl für Situationen, in denen Tarnung keine Option mehr ist. Ihre Kampffähigkeiten machen sie ideal, um das Team zu verteidigen oder bei Bedarf einen Weg freizumachen.

4. Der Gentleman: Überzeugung

- **Fähigkeit**: Der Gentleman kann Feinde oder NPCs bezaubern und ablenken, so dass sie den Spieler ignorieren oder hilfreiche Informationen geben.

- **Nützlichkeit**: Diese Fähigkeit ist besonders nützlich, wenn du versuchst, Kämpfen aus dem Weg zu gehen oder Zugang zu gesperrten Bereichen zu erhalten, ohne Verdacht zu erregen. Der Charme des Gentleman kann feindliche NPCs in Verbündete verwandeln.

5. Der Maulwurf: Explosiver Eintritt

- **Fähigkeit**: Der Maulwurf kann Sprengstoff platzieren, um verschlossene Türen, Mauern oder feindliche Befestigungen zu durchbrechen, neue Wege zu eröffnen oder Chaos zu verursachen.

- **Nützlichkeit**: Diese Fähigkeit wird am besten in Situationen eingesetzt, in denen Tarnung keine Priorität hat und eine laute Ablenkung notwendig ist. Der Maulwurf ist auch ein großartiges Werkzeug, um Hindernisse aus dem Weg zu räumen, die den Fortschritt des Teams blockieren könnten.

3.3 Die besten Charakterkombinationen für Teams

In *Monaco 2* ist Teamwork unerlässlich, und die Wahl der richtigen Kombination von Charakteren kann über Erfolg oder Misserfolg deines Raubüberfalls entscheiden. Im Folgenden findest du einige empfohlene Charakterkombinationen, die auf Missionstyp und Spielstil basieren:

1. Stealth- und Präzisionsteam

- **Empfohlene Charaktere**: Der Hacker, der Taschendieb und der Gentleman.

- **Stärken**: Dieses Team zeichnet sich durch Stealth aus und ermöglicht einen reibungslosen Betrieb, ohne Alarm auszulösen. Der Hacker deaktiviert Sicherheitssysteme, während der Taschendieb Informationen sammelt und der Gentleman Feinde bezaubert. Dieses Team ist perfekt, um leise in Hochsicherheitsbereiche einzudringen.

- **Schwächen**: Diesem Team fehlt es an direkter Kampfkraft, so dass es Schwierigkeiten haben könnte, wenn die Tarnung beeinträchtigt wird.

2. Kampflastiges Team

- **Empfohlene Charaktere**: Der Reiniger, der Maulwurf und der Hacker.

- **Stärken**: Dieses Team ist mit schweren Kampffähigkeiten und technischem Können ausbalanciert. Der Cleaner kümmert sich direkt um Feinde, der Maulwurf schafft taktische Lücken und der Hacker deaktiviert die elektronische Sicherheit. Dieses Setup ist ideal für Missionen, die aggressives Spiel und taktische Zerstörung erfordern.

- **Schwächen**: Der Mangel an Stealth-Fähigkeiten des Teams bedeutet, dass es in Missionen, die Präzision und Subtilität erfordern, Schwierigkeiten haben kann.

3. Ausgewogenes Team

- **Empfohlene Charaktere**: Der Hacker, der Reiniger und der Taschendieb.

- **Stärken**: Ein ausgewogenes Team, das Technologie, Kampf und Tarnung kombiniert. Der Hacker kann die Sicherheit deaktivieren, der Cleaner kümmert sich um Kampfsituationen und der Taschendieb sammelt nützliche Gegenstände, ohne entdeckt zu werden. Dieses Team kann sich an verschiedene Missionstypen anpassen.

- **Schwächen**: Dem Team fehlen einige spezialisierte Fähigkeiten wie die des Gentleman oder Maulwurfs, aber es ist immer noch sehr vielseitig für die meisten Situationen.

3.4 Neue Charaktere freischalten

Im Laufe von *Monaco 2* hast du die Möglichkeit, zusätzliche Charaktere mit einzigartigen Fähigkeiten und Fertigkeiten freizuschalten. Diese neuen Charaktere bieten neue Spielstile und Optionen, die jede Mission dynamischer machen.

1. Wie man neue Charaktere freischaltet

- **Story-Fortschritt**: Neue Charaktere können verfügbar werden, wenn du die Geschichte des Spiels durchläufst oder bestimmte Kapitel abschließt. Jeder neue Charakter wird freigeschaltet, nachdem du einen bestimmten Meilenstein erreicht oder eine bestimmte Mission abgeschlossen hast.

- **Herausforderungen und Erfolge**: Einige Charaktere können durch das Abschließen bestimmter Herausforderungen oder Erfolge im Spiel freigeschaltet werden. Dazu gehören Aufgaben wie heimliche Fluchten, erfolgreiche Kampfsequenzen oder das Abschließen von Missionen, ohne Alarm auszulösen.

- **Besondere Events oder DLCs**: Bestimmte Charaktere können durch spezielle In-Game-Events oder herunterladbare Inhalte (DLCs) vorgestellt werden. Behalte die Updates im Auge, um exklusive Charaktere freizuschalten.

- **Freischaltung über den Mehrspielermodus**: Im Mehrspielermodus werden einige Charaktere durch Teamerfolge oder durch das Abschließen von Gruppenzielen freigeschaltet. Durch die Zusammenarbeit mit anderen kannst du mächtige Charaktere freischalten, die alleine nur schwer zu bekommen sind.

2. Tipps zum Freischalten von Charakteren

- **Konzentriere dich auf Tarnung**: Wenn du getarnte Charaktere bevorzugst, konzentriere dich darauf, Missionen zu erfüllen, ohne Wachen zu alarmieren. Viele Stealth-fokussierte Charaktere werden durch Stealth-Erfolge freigeschaltet.

- **Schließe Nebenmissionen ab**: Einige Nebenmissionen bieten nach Abschluss freischaltbare Charaktere. Nimm dir die Zeit, diese Ziele zu erreichen, um zusätzliche Belohnungen zu erhalten.

- **Experimentiere mit verschiedenen Spielstilen**: Probiere verschiedene Charaktere im Mehrspielermodus aus, um herauszufinden, welche zu deinem Spielstil passen. Dies kann dir bei der Entscheidung helfen, welchen Charakter du als nächstes freischalten möchtest.

Kapitel 4: Planung und Strategie von Raubüberfällen

4.1 Level-Layouts und -Ziele verstehen

Jede Mission in *Monaco 2* ist in einem sorgfältig gestalteten Level angesiedelt, jede mit ihren eigenen Herausforderungen, Zielen und Möglichkeiten für kreative Lösungen. Zu verstehen, wie diese Levels strukturiert sind und was du erreichen musst, ist der Schlüssel zu einem erfolgreichen Raubüberfall.

1. Level-Layouts und Erkundung

- **Mehrschichtige Karten** – Die meisten Levels sind mit mehreren Etagen, versteckten Gängen und verschiedenen Ein- und Ausgängen gestaltet. Es ist entscheidend, die Umgebung zu erkunden, bevor man sich auf eine Strategie festlegt.

- **Alternative Routen** – In einigen Bereichen gibt es mehrere Möglichkeiten, Ziele zu erreichen, darunter Lüftungsschächte, verschlossene Türen oder zerstörbare Wände. Identifizieren Sie die beste Route basierend auf Ihrer Teamzusammensetzung.

- **Sperrbereiche und Wachpatrouillen** – Viele Orte haben Hochsicherheitszonen, die Stealth- oder Ablenkungstaktiken erfordern, um zu navigieren, ohne Alarm auszulösen.

2. Gemeinsame Ziele in Raubüberfallmissionen

Deine Hauptziele in *Monaco 2* variieren von Mission zu Mission, aber die meisten fallen in eine der folgenden Kategorien:

- **Stehlen Sie wertvolle Gegenstände** – Holen Sie sich wichtige Beute wie Bargeld, Edelsteine oder wichtige Dokumente.

- **Hacken Sie Sicherheitssysteme** – Deaktivieren Sie Alarme, Kameras oder elektronische Schlösser, um die Bewegung sicherer zu machen.

- **VIPs retten oder extrahieren** – In einigen Missionen geht es darum, einen Gefangenen auszubrechen oder einen Charakter in Sicherheit zu bringen.

- **Flucht ohne Entdeckung** – Bei Hochsicherheitsüberfällen besteht das Ziel oft darin, das Haus zu verlassen, ohne die Wachen zu alarmieren oder einen Alarm auszulösen.

Indem Sie das Level-Layout sorgfältig analysieren und Ihre Ziele verstehen, bevor Sie einen Schritt machen, verbessern Sie Ihre Erfolgschancen erheblich.

4.2 Die Bedeutung von Stealth vs. Action

Die Entscheidung, ob man sich heimlich nähert oder sich an direkten Aktionen beteiligt, kann den Ausgang einer Mission bestimmen. Während einige Situationen schnelle Reflexe und Kampffähigkeiten erfordern, belohnen die meisten Raubüberfälle Geduld und sorgfältige Planung.

1. Die Vorteile von Stealth

- **Vermeidung von Alarmen** – Unentdeckt bleibt das Eintreffen von Verstärkung und hält die Sicherheitsstufe niedrig.

- **Mehr Belohnung, weniger Risiko** – Viele Missionen bieten Boni für das Abschließen von Zielen, ohne erwischt zu werden.

- **Stille Takedowns** – Der Einsatz von Stealth-Takedowns, das Verstecken im Schatten und das Bleiben außerhalb der Sichtweite können Hindernisse beseitigen, ohne Verdacht zu erregen.

Die besten Charaktere für Stealth: *Der Taschendieb, Der Hacker, Der Gentleman*

2. Wann man laut werden sollte (handlungsbasierter Ansatz)

- **Wenn Sie entdeckt werden** – Manchmal scheitern selbst die besten Pläne. Wenn ein Alarm ausgelöst wird, müssen Sie sich möglicherweise einen Weg nach draußen erkämpfen.

- **Hochsicherheitsbereiche** – Einige Ziele erfordern Gewalt, wie z. B. das Aufbrechen eines Tresors oder das Beseitigen von Bedrohungen.

- **Ablenkungstaktiken** – Eine kontrollierte "laute" Herangehensweise kann manchmal als Ablenkung dienen, während Teamkollegen Ziele an anderer Stelle erreichen.

Die besten Charaktere für den Kampf: *Der Reiniger, Der Maulwurf*

3. Beide Spielstile ausbalancieren

- **Beginnen Sie mit Stealth, wechseln Sie bei Bedarf zur Aktion** – Wenn Sie Ziele leise erreichen können, tun Sie dies. Aber seien Sie darauf vorbereitet, dass Sie handeln, wenn die Dinge schief gehen.

- **Setze das richtige Team ein** – Eine Mischung aus Stealth-fokussierten und kampfbereiten Charakteren ermöglicht Flexibilität.

- **Haben Sie einen Fluchtplan** – Wissen Sie immer, wo sich die Ausgänge befinden, falls ein Alarm ausgelöst wird.

Die besten Teams wissen, wann sie Geister und wann sie Schläger sein sollten. Ein ausgewogener Ansatz hilft Ihnen, jede Mission zu meistern.

4.3 Die Wahl der richtigen Werkzeuge und Ausrüstung

Die Auswahl der richtigen Werkzeuge und Ausrüstung für eine Mission kann dir einen taktischen Vorteil verschaffen. Jeder Charakter hat Zugang zu unterschiedlicher Ausrüstung, und wenn man weiß, welche man mitbringen muss, kann das über Erfolg oder Misserfolg eines Raubüberfalls entscheiden.

1. Unverzichtbare Werkzeuge für Raubüberfälle

- **Dietriche** – Werden verwendet, um verschlossene Türen und Tresore lautlos zu öffnen, ohne Aufmerksamkeit zu erregen.

- **Hacking-Geräte** – Die Spezialität des Hackers, diese deaktivieren Kameras, Alarme und Sicherheitstüren.

- **Rauchbomben** – Bieten Sie Deckung, um zu entkommen oder unbemerkt an Wachen vorbeizugehen.

- **Sprengstoffe** – Der Maulwurf kann diese verwenden, um neue Eingänge zu schaffen oder Gruppen von Feinden auszuschalten.

- **Verkleidungen** – Der Gentleman kann Verkleidungen verwenden, um sich einzufügen und unentdeckt an Feinden vorbeizugehen.

2. Waffen & Verteidigungsausrüstung

Während *Monaco 2* stark auf Stealth ausgerichtet ist, sind Kämpfe manchmal unvermeidlich. Einige Waffen- und Ausrüstungsoptionen umfassen:

- **Betäubungspfeile** – Schaltet Feinde lautlos aus, ohne sie zu töten.

- **Schallgedämpfte Pistolen** – Kleine, leise Schusswaffen für den Ernstfall.

- **Nahkampfwaffen** – Der Reiniger ist auf den Nahkampf spezialisiert, was Nahkampfwaffen sehr effektiv macht.

- **Rüstungen & Medikits** – Wenn ein Kampf erwartet wird, können dich zusätzliche Rüstungen oder Heilgegenstände länger am Leben halten.

3. So wählen Sie die richtige Ausrüstung aus

- **Wenn Sie heimlich vorgehen:** Konzentrieren Sie sich auf Dietriche, Hacking-Geräte und Rauchbomben.

- **Wenn du einen Kampf erwartest:** Bring Schalldämpfer, Nahkampfwaffen und Heilgegenstände mit.

- **Wenn du als Team spielst:** Koordiniert eure Ausrüstungen so, dass jeder Spieler unterschiedliche Aspekte der Mission abdeckt.

Die kluge Wahl der Ausrüstung macht einen großen Unterschied darin, wie sich eine Mission entfaltet, also plane mit Bedacht.

4.4 Teamarbeit und Kommunikation

Da *Monaco 2* alleine oder im Mehrspieler-Koop gespielt werden kann, ist Teamwork ein wesentlicher Bestandteil des Erfolgs. Die richtige Kommunikation und Koordination mit den Teamkollegen verbessert Ihre Chancen, den perfekten Raubüberfall durchzuführen.

1. Rollenverteilung nach Stärken

Jeder Charakter zeichnet sich in verschiedenen Bereichen aus, also weise die Aufgaben entsprechend zu:

- **Der Hacker** – Kümmert sich um Sicherheitssysteme und sorgt für einen sicheren Durchgang.

- **Der Taschendieb** – Sammelt wertvolle Gegenstände und bleibt unentdeckt.

- **Der Cleaner** – Kümmert sich um feindliche Bedrohungen und macht Wege frei.

- **Der Gentleman** – Nutzt Verkleidungen und Ablenkungen, um Teamkameraden zu helfen, sich frei zu bewegen.

- **Der Maulwurf** – Schafft neue Wege und durchbricht Barrieren.

Ein ausgewogenes Team sorgt dafür, dass jeder Aspekt eines Raubüberfalls effizient abgedeckt wird.

2. Koordinieren von Aktionen im Mehrspielermodus

- **Verwenden Sie Sprach- oder Text-Chat** – Kommunizieren Sie in Echtzeit über Wachstandorte, Sicherheitssysteme und feindliche Bewegungen.

- **Planen Sie den Fluchtweg im Voraus** – Legen Sie einen festen Treffpunkt fest, falls etwas schief geht.

- **Triff Aktionen mit Bedacht** – Wenn ein Spieler eine Wache ablenkt, kann sich ein anderer vorbeischleichen. Synchronisierte Aktionen sorgen für reibungslosere Raubüberfälle.

3. Anpassung an unerwartete Situationen

Selbst die besten Pläne können schief gehen. In diesem Fall:

- **Bleiben Sie ruhig** – geraten Sie nicht in Panik, wenn der Alarm ausgelöst wird. Reagieren Sie strategisch.

- **Ändere den Plan** – Wenn Tarnung keine Option mehr ist, wechsle zu einer neuen Strategie.

- **Deckung füreinander** – Wenn ein Teammitglied erwischt wird, können andere Ablenkungen schaffen oder ihn retten.

Kapitel 5: Die Raubüberfälle – Aufschlüsselung der Mission

5.1 Einführung in Heists & Objectives

Raubüberfälle sind das zentrale Spielerlebnis in *Monaco 2* und erfordern eine Mischung aus Strategie, Teamwork und schnellem Denken. Jede Mission bietet einzigartige Herausforderungen, Ziele und Sicherheitsmaßnahmen, die je nach Zusammensetzung und Spielstil des Teams unterschiedliche Ansätze erfordern.

1. Die Kernelemente eines Raubüberfalls

Jeder Raubüberfall folgt einer allgemeinen Struktur, bestehend aus:

- **Infiltration** – Eindringen in den Zielort, ohne die Sicherheitskräfte zu alarmieren.

- **Ausführung** – Das Erreichen des Hauptziels, sei es der Diebstahl eines Gegenstands, das Hacken eines Systems oder die Rettung von jemandem.

- **Flucht** – Evakuieren des Bereichs, ohne von Wachen erwischt zu werden oder Alarm auszulösen.

2. Arten von Zielen in Heists

- **Diebstahl hochwertiger Ziele** – Bei einigen Missionen geht es um den Diebstahl von Artefakten, Geld oder vertraulichen Daten.

- **Hacking & Deaktivierung der Sicherheit** – Der Hacker spielt eine Schlüsselrolle bei Missionen, die elektronische Eingriffe erfordern.

- **Rettungs- und Extraktionsmissionen** – Bei einigen Raubüberfällen werden Geiseln befreit oder Schlüsselfiguren eskortiert.

- **Sabotageoperationen** – Bestimmte Missionen erfordern die Zerstörung wichtiger Vermögenswerte oder die Deaktivierung der feindlichen Infrastruktur.

Bevor Sie einen Raubüberfall starten, müssen Sie das Layout, potenzielle Bedrohungen und die erforderlichen Werkzeuge bewerten, um Ihre Erfolgschancen erheblich zu erhöhen.

5.2 Missions-Walkthroughs – Raubüberfälle für Anfänger

Diese Raubüberfälle dienen als Einführung in die Spielmechanik und helfen den Spielern, die Grundlagen von Stealth, Bewegung und Teamwork zu erlernen.

1. Der Job im Juweliergeschäft

- **Ziel:** Stiehl den seltenen Diamanten aus dem Haupttresor.

- **Empfohlene Charaktere:** Der Hacker (Wecker deaktivieren), Der Taschendieb (Beute schnell schnappen), Der Reiniger (Wachen bei Bedarf neutralisieren).

- **Beste Strategie:**

  - Verwenden Sie **den Hacker** , um das Sicherheitssystem zu deaktivieren.

  - **Der Taschendieb** schleicht sich durch Lüftungsschächte ein, um unterwegs kleine Wertsachen zu ergattern.

  - **Der Cleaner** hält Ausschau nach umherstreifenden Wachen und setzt sie bei Bedarf geräuschlos außer Gefecht.

  - Entkomme durch den Ausgang der Hintergasse, um nicht entdeckt zu werden.

2. Der Bankraub

- **Ziel:** Brich in den Tresor ein und stiehl einen Stapel Bargeld.

- **Empfohlene Charaktere:** Der Maulwurf (alternative Routen erstellen), Der Gentleman (Verkleidung zur Täuschung).

- **Beste Strategie:**

  - Verwenden Sie **den Maulwurf** , um Verknüpfungen durch Wände zu erstellen und dabei schwere Sicherheitsbereiche zu umgehen.

  - **Der Gentleman** mischt sich unter die Mitarbeiter und erhält Zugang zu Sperrzonen.

- Vermeiden Sie das Auslösen von Metalldetektoren und verwenden Sie Rauchbomben, wenn etwas schief geht.

- Entkomme durch die unterirdischen Tunnel.

5.3 Missions-Walkthroughs – Raubüberfälle für Fortgeschrittene

Sobald Sie sich mit den Grundlagen vertraut gemacht haben, führen diese Raubüberfälle zu komplexeren Layouts, mehreren Zielen und strengeren Sicherheitsvorkehrungen.

1. Die Razzia im Kunstmuseum

- **Ziel:** Stehlen Sie ein unbezahlbares Gemälde, ohne Bewegungsmelder auszulösen.

- **Empfohlene Charaktere:** Der Hacker (Bewegungssensoren deaktivieren), Der Taschendieb (kleinere Artefakte stehlen), Der Gentleman (Social Engineering).

- **Beste Strategie:**

  - Verwenden Sie **The Hacker** , um Überwachungskameras und -sensoren vorübergehend zu deaktivieren.

  - **Der Taschendieb** sammelt kleinere Wertsachen ein, bleibt dabei ungesehen.

- ○ **Der Gentleman** kann Ablenkungen schaffen, indem er mit Sicherheitsleuten spricht.

- ○ Verlassen Sie den Verlass durch ein Seitenfenster oder eine Hintertür, bevor die Sicherheit zurückgesetzt wird.

2. Der unterirdische Casino-Raub

- **Ziel:** Knacke den Tresor und entkomme, ohne den stillen Alarm auszulösen.

- **Empfohlene Charaktere:** Der Reiniger (für schnelle Ausschaltungen), Der Maulwurf (um verschlossene Türen zu umgehen).

- **Beste Strategie:**

  - ○ Lassen Sie **den Reiniger** die Wächter im ersten Stock leise reinigen.

  - ○ **Der Maulwurf** durchbricht eine schwache Wand in der Nähe des Gewölbes und umgeht dabei Lasergitter.

  - ○ Vermeide es, alles auf einmal zu plündern – einige Gegenstände sind mit Alarmanlagen ausgestattet.

  - ○ Sobald das Geld gesichert ist, gehst du durch den Aufzugsschacht.

5.4 Missions-Walkthroughs – Fortgeschrittene Raubüberfälle

Diese Missionen mit hohem Einsatz bieten die komplexesten Layouts, Elite-Sicherheitskräfte und mehrere Ziele, die innerhalb eines engen Zeitrahmens abgeschlossen werden müssen.

1. Der Einbruch in den Firmenturm

- **Ziel:** Hacken Sie einen Hochsicherheitsserver und stehlen Sie geheime Daten.

- **Empfohlene Charaktere:** Der Hacker (Deaktiviere die Verteidigung), Der Reiniger (Kampf-Backup), Der Taschendieb (schnapp dir Schlüsselkarten).

- **Beste Strategie:**

  - **Der Hacker** verschafft sich Zugang zu den Systemen des Gebäudes und deaktiviert die elektronischen Schlösser.

  - **Der Taschendieb** stiehlt Zugangscodes vom Sicherheitspersonal.

  - **Der Reiniger** eliminiert alle Wachen, die im Weg stehen.

  - Entkomme mit einer Seilrutsche über das Dach, um der Verstärkung der Polizei auszuweichen.

2. Der Raubüberfall auf die Große Kammer

- **Ziel:** Knacke den sichersten Tresor in *Monaco 2*, stiehl das Vermögen und überlebe eine SWAT-Reaktion der Elite.

- **Empfohlene Charaktere:** Der Maulwurf (für Zerstörungen), Der Gentleman (für Ablenkungen), Der Reiniger (für den Kampf).

- **Beste Strategie:**

  - **Der Maulwurf** schafft mit Sprengstoff einen versteckten Eintrittspunkt.

  - **Der Gentleman** mischt sich unter die VIPs, um keinen Verdacht zu erregen.

  - Sobald der Tresor geöffnet ist, **kümmert sich der Cleaner** bei der Flucht um den Widerstand der Feinde.

  - Eine zweite Fluchtstrategie ist entscheidend – Polizeiverstärkung trifft schnell ein.

Diese fortschrittlichen Raubüberfälle stellen die Fähigkeit deines Teams auf die Probe, sich unter Druck anzupassen und je nach Bedarf Tarnung und Kampf zu kombinieren.

Kapitel 6: Werkzeuge, Gadgets und Ausrüstung

6.1 Grundlegende Werkzeuge für Raubüberfälle

Werkzeuge sind für einen reibungslosen Raubüberfall unerlässlich, da sie es den Spielern ermöglichen, die Sicherheitsvorkehrungen zu umgehen, verschlossene Türen zu öffnen, Wachen abzulenken oder neue Fluchtwege zu schaffen.

1. Wesentliche Werkzeuge und ihre Funktionen

- **Lockpick** – Entriegelt schnell Türen und Tresore, ohne Wachen zu alarmieren. Ein Muss für Stealth-fokussierte Charaktere.

- **Brecheisen** – Bricht Türen, Kisten und schwache Wände auf, ist aber lauter als ein Dietrich.

- **Hacking-Gerät** – Wird verwendet, um Sicherheitssysteme wie Kameras, Alarme und elektronische Schlösser zu deaktivieren.

- **Verkleidungsset** – Ermöglicht es dir, dich vorübergehend unter Wachen oder Zivilisten zu mischen, um Zugang zu gesperrten Bereichen zu erhalten.

- **Rauchbomben** – Erzeugt einen vorübergehenden toten Winkel, der es Spielern ermöglicht, der Entdeckung zu entgehen oder schnell zu entkommen.

- **EMP-Granate** – Schaltet alle elektronischen Geräte in einem Radius aus und schaltet Alarme, Kameras und Lichter für eine begrenzte Zeit aus.

6.2 Fortgeschrittene Gadgets und ihre Verwendung

Im Laufe deines Fortschritts in *Monaco 2* werden fortschrittliche Gadgets verfügbar, die noch mehr Möglichkeiten bieten, die Umgebung zu manipulieren und Ziele effizient zu erreichen.

1. Spezialisierte Raubüberfall-Ausrüstung

- **Glasschneider** – Ermöglicht den geräuschlosen Eintritt durch Fenster, ohne sie zu zerbrechen, perfekt für Hochhaus- oder Museumsüberfälle.

- **Enterhaken** – Ermöglicht das Klettern in ansonsten unzugängliche Bereiche, nützlich für Fluchten auf dem Dach.

- **Ködergerät** – Projiziert gefälschte Bewegungen oder Geräusche, um Wachen in die Irre zu führen und Möglichkeiten zu schaffen, unbemerkt vorbeizuschlüpfen.

- **Sprengstoff** – Kann Türen, Tresore und Wände aufsprengen, erzeugt aber Lärm, der Feinde anlockt. Ideal für aggressive Raubüberfälle.

- **Tranquilizer Dart Gun** – Schaltet Wachen lautlos aus der Ferne aus, ohne sie zu töten, ideal für Stealth-Runs.

- **Nachtsichtbrille** – Ermöglicht eine bessere Sichtbarkeit in dunklen Bereichen und hilft bei der Navigation in unbeleuchteten Tunneln oder Sicherheitsbereichen.

6.3 Wie man Werkzeuge aufrüstet und ausrüstet

Das Aufrüsten deiner Werkzeuge erhöht ihre Effektivität, verringert Abklingzeiten, erhöht ihre Reichweite oder fügt zusätzliche Funktionen hinzu.

1. So schalten Sie Upgrades frei

- **Schließt Missionen ab** – Einige Tools werden im Laufe der Kampagne automatisch aktualisiert.

- **Raubüberfall-Einnahmen ausgeben** – Verwende das Geld, das du mit erfolgreichen Jobs verdient hast, um bessere Ausrüstung zu kaufen.

- **Charakterfortschritt** – Bestimmte Upgrades sind an den Aufstieg bestimmter Charaktere gebunden.

- **Versteckte Blaupausen** – Einige Levels enthalten spezielle Blaupausen, die exklusive Werkzeugverbesserungen freischalten.

2. Beispiele für Tool-Upgrades

- **Lockpick+** – Reduziert die Zeit, die zum Knacken von Schlössern benötigt wird.

- **EMP Enhanced** – Verlängert die Dauer elektronischer Abschaltungen.

- **Sprengladungen** – Bietet eine Ferndetonationsoption anstelle von sofortigen Explosionen.

- **Rauchbombe 2.0** – Entlässt eine breitere Rauchwolke und hält länger an.

6.4 Die Bedeutung der Wahl der richtigen Ausrüstung

Eure Ausrüstung sollte die Stärken eures Teams und die Missionsziele ergänzen.

1. Passende Werkzeuge für den Spielstil

- **Stealth-Ansatz** – Dietrich, Hacking-Gerät, Betäubungspfeile und Verkleidungen sind die besten Optionen.

- **Aggressiver Ansatz** – Sprengstoffe, Brechstangen und Schusswaffen sind ideal, um den Widerstand zu durchbrechen.

- **Hybrider Ansatz** – Eine Mischung aus lautlosen Werkzeugen (Rauchbomben, Hacking-Geräten) und Verteidigungswerkzeugen (Köder, EMP-Granaten) hilft bei der Anpassung an unerwartete Situationen.

2. Koordination mit Teamkollegen

Im Mehrspielermodus ist es entscheidend, die Werkzeuge deines Teams auszubalancieren. Zum Beispiel:

- Ein Spieler bringt Hacking-Tools für die elektronische Sicherheit mit.

- Ein anderer trägt Rauchbomben und Lockvögel zur Ablenkung.

- Ein dritter Spieler konzentriert sich auf das brachiale Eindringen mit Sprengstoff oder Brecheisen.

Ein gut ausgestattetes Team kann jeden Raubüberfall reibungslos und effizient bewältigen.

Kapitel 7: Fortgeschrittene Taktiken und Techniken

7.1 Tarnung und Ablenkung meistern

Tarnung ist der Schlüssel zu einem erfolgreichen Raubüberfall in *Monaco 2*. Unentdeckt zu bleiben, ermöglicht eine reibungslose Ausführung und eine höhere Erfolgsquote.

1. Die wichtigsten Stealth-Mechaniken

- **Sichtlinie** – Halten Sie sich von Wachen und Kamerasichtkegeln fern. Verwenden Sie Deckung und Schatten, um verborgen zu bleiben.

- **Lärmbewusstsein** – Laufen, Türen aufbrechen oder Waffen benutzen erzeugen Geräusche. Bewegen Sie sich vorsichtig, um keine Aufmerksamkeit zu erregen.

- **Verstecke** – Nutze Spinde, Büsche oder Lüftungsschlitze, um ungesehen zu bleiben, wenn eine Bedrohung in der Nähe ist.

2. Effektive Ablenkungstechniken

- **Ködergeräte** – Verwenden Sie geräuscherzeugende Werkzeuge, um Wachen von wichtigen Orten wegzulocken.

- **Strategisches Auslösen von Alarmen** – Manchmal kann das Auslösen eines kleinen Alarms die Wachen ablenken, während Ihr Team einrückt.

- **Verwendung von NPCs und Menschenmengen** – In bestimmten Levels gibt es Zivilisten, die manipuliert oder als Deckung verwendet werden können.

Bei Stealth dreht sich alles um Geduld und Planung, wenn du dich bestürzt, wirst du erwischt.

7.2 Kampf- und Offensivstrategien

Während *Monaco 2* auf Stealth ausgelegt ist, sind Kämpfe manchmal unvermeidlich.

1. Feindliche Bedrohungen verstehen

- **Basic Guards** – Bewaffnet mit Schlagstöcken oder einfachen Schusswaffen reagieren sie auf Lärm und verdächtige Bewegungen.

- **Elite-Sicherheit** – Aggressiver und besser bewaffnet, oft mit Rüstung ausgestattet.

- **SWAT-Teams** – Erscheinen in hochalarmierten Situationen, schwer bewaffnet und schwer auszuschalten.

2. Die besten Kampfwerkzeuge und Waffen

- **Tranquilizer Darts** – Ideal für lautlose Takedowns, ohne Alarm auszulösen.

- **Nahkampfangriffe** – Der Cleaner kann Feinde mit Knockouts aus nächster Nähe neutralisieren.

- **Schusswaffen** – Nützlich für Notfälle, aber extrem laut, um Verstärkung zu alarmieren.

- **Sprengstoff** – Gut zum Räumen von Räumen oder zum Schaffen von Fluchtwegen, ziehen aber viel Aufmerksamkeit auf sich.

3. Kampf vs. Stealth – Wann man kämpfen sollte

- **Nur bei Bedarf angreifen** – Der Kampf sollte der letzte Ausweg sein, wenn ein Entkommen unmöglich ist.

- **Verwende Deckung und schlage schnell** zu – Wenn Kämpfe erforderlich sind, verwende Wände und Objekte, um dich von direktem Beschuss fernzuhalten.

- **Wisse, wann du dich zurückziehen musst** – Wenn du überwältigt bist, entkomme und gruppiere dich neu, anstatt eine verlorene Schlacht zu erzwingen.

Ein gut ausbalanciertes Team sollte immer eine Ausstiegsstrategie haben, falls es gewalttätig wird.

7.3 Vermeiden von Entdeckung und sichere Flucht

Selbst die besten Raubüberfälle gehen manchmal schief – zu wissen, wie man entkommt, ist genauso wichtig wie die Ausführung der Mission.

1. Erkennen von Alarmstufen

- **Verdacht (gelber Alarm)** – Wachen untersuchen seltsame Geräusche oder Bewegungen.

- **Entdeckt (orangefarbener Alarm)** – Wenn sie entdeckt werden, durchsuchen die Wachen aktiv den Bereich.

- **Hoher Alarm (Alarmstufe Rot)** – Wenn ein Alarm ausgelöst wird, rufen die Wachen Verstärkung oder sperren die Ausgänge.

2. Die besten Fluchttaktiken

- **Verwenden Sie versteckte Routen** – Finden Sie Lüftungsschächte, unterirdische Tunnel oder Dächer für alternative Ausgänge.

- **Ändere deinen Weg** – Vermeide es, direkt in die Fluchtzone zu rennen, wenn Feinde dich verfolgen.

- **Sichtlinie unterbrechen** – Verstecke dich hinter Objekten, betrete verschlossene Räume oder benutze Rauchbomben, um zu verschwinden.

- **Bei Bedarf aufteilen** – Wenn du mit einem Team spielst, kann das Aufteilen Feinde verwirren und die Überlebenschancen erhöhen.

Es ist immer besser, eine Entdeckung zu vermeiden, als sich mit ihren Folgen auseinanderzusetzen.

7.4 Nutzen Sie die Umgebung zu Ihrem Vorteil

Jede Raubüberfallumgebung in *Monaco 2* bietet cleveren Spielern die Möglichkeit, die Situation zu manipulieren und zu kontrollieren.

1. Umweltwerkzeuge und -funktionen

- **Lüftungsschächte** – Ideal, um sich an Wachen vorbeizuschleichen und Hauptgänge zu vermeiden.

- **Hackbare Türen und Alarme** – Der Hacker kann Sicherheitssysteme gegen Feinde einsetzen.

- **Licht- und Schattenmechanik** – Halten Sie sich an dunkle Bereiche, um die Sichtbarkeit zu verringern.

- **Zerbrechliche Objekte** – Einige Wände, Fenster und Barrieren können zerstört werden, um neue Fluchtwege zu schaffen.

2. Verwendung von NPCs und KI-Verhalten

- **Verschmelzen** – Einige Charaktere können sich verkleiden und sich durch Sperrgebiete bewegen.

- **NPC-Reaktionen auslösen** – Einige Zivilisten geraten in Panik und alarmieren die Wachen, während andere als Ablenkung dienen können.

Die Beherrschung der Umgebung verschafft den Spielern bei jedem Raubüberfall einen taktischen Vorteil.

Kapitel 8: Multiplayer & Koop-Spiel

8.1 Wie man Multiplayer spielt

Der Mehrspielermodus in *Monaco 2* bringt ein neues Maß an Strategie, Teamwork und Spannung in Raubüberfälle. Das kooperative Spielen mit Freunden oder anderen Spielern ermöglicht kreativere Herangehensweisen an Missionen, erfordert aber auch Koordination, um Chaos zu vermeiden.

1. Multiplayer-Spielmodi

- **Koop-Modus** – Die Spieler arbeiten zusammen, um Raubüberfälle durchzuführen und sich Beute und Verantwortung zu teilen.

- **Versus-Modus (falls verfügbar)** – Tritt gegen andere Teams an, um Ziele schneller zu erreichen oder die gegnerische Besatzung zu sabotieren.

- **Herausforderungsmodus** – Spezielle Multiplayer-Herausforderungen mit einzigartigen Modifikatoren und härterem Schwierigkeitsgrad.

2. So nehmen Sie an einer Multiplayer-Sitzung teil

- **Schnelles Spiel** – Finde eine öffentliche Lobby mit anderen Spielern und trete ihr bei.

- **Private Lobby** – Lade Freunde zu einer Sitzung ein, um das Gameplay zu koordinieren.

- **LAN/Lokaler Koop** – Spielen Sie mit anderen im selben Netzwerk oder auf geteiltem Bildschirm (falls unterstützt).

8.2 Einrichten von privaten Sitzungen und Lobbys

Wenn du eine private Lobby erstellst, kannst du mit Freunden spielen, ohne dass zufällige Spieler beitreten.

1. So erstellen Sie eine private Lobby

- Wählen Sie **im Hauptmenü den** Multiplayer-Modus.

- Wählen Sie **Private Lobby erstellen** aus, und legen Sie Ihre Sitzungseinstellungen fest.

- Lade Spieler aus deiner Freundesliste ein oder teile einen Sitzungscode.

- Passe die Schwierigkeitseinstellungen, die Missionsauswahl und benutzerdefinierte Regeln an.

2. Anpassen der Multiplayer-Einstellungen

- **Schwierigkeitsanpassungen** – Modifiziere die KI des Feindes, die Sicherheitsreaktion oder die Zeitlimits.

- **Friendly Fire** – Aktiviere oder deaktiviere den Schaden von Teamkameraden.

- **Loot Sharing** – Wähle zwischen geteilten oder individuellen Loot-Belohnungen.

- **Respawn-Regeln** – Passen Sie an, wie Spieler eine Mission wiederbeleben oder wieder beitreten können, wenn sie eliminiert werden.

8.3 Kommunikation & Teamrollen

Gute Kommunikation ist der Schlüssel zu erfolgreichen Multiplayer-Raubüberfällen.

1. Beste Kommunikationsmethoden

- **Voice-Chat (empfohlen)** – Sprechen Sie in Echtzeit, um Aktionen zu koordinieren.

- **Ping-System** – Markiere Points of Interest wie Türen, Wachen oder Beuteplätze.

- **Vorplanung** – Besprechen Sie die Strategie, bevor Sie eine Mission starten, um Rollen und Verantwortlichkeiten zuzuweisen.

2. Definieren von Teamrollen

Ein gut organisiertes Team sollte Aufgaben effizient verteilen:

- **Der Hacker** – Deaktiviert Kameras, Sicherheitssysteme und elektronische Türen.

- **Der Reiniger** – Schaltet Wachen lautlos aus und kontrolliert Situationen mit hoher Alarmbereitschaft.

- **Der Taschendieb** – Bewegt sich schnell durch die Levels und sammelt effizient Beute.

- **Der Maulwurf** – Schafft neue Wege, indem er Mauern durchbricht und Sicherheitsbarrieren umgeht.

- **Der Gentleman** – Nutzt Verkleidungen und Täuschungen, um sich unbemerkt zu bewegen.

8.4 Tipps für den Erfolg bei Koop-Raubüberfällen

1. Halten Sie sich an den Plan

- Bevor du eine Mission startest, weise jedem Spieler Aufgaben zu.

- Vermeiden Sie chaotische Aktionen wie das Überstürzen ohne Sicherung.

- Identifizieren Sie Fluchtwege für den Fall, dass die Mission schief geht.

2. Vermeidung von versehentlicher Entdeckung

- Ein einziger Flüchtigkeitsfehler kann den gesamten Raubüberfall gefährden.

- Bewegen Sie sich vorsichtig und achten Sie auf die Standorte Ihrer Teamkollegen.

- Nutzen Sie Ablenkungen strategisch, anstatt in Panik zu geraten, wenn Sie entdeckt werden.

3. Synchronisieren von Aktionen

- Lassen Sie die Spieler mehrere Aufgaben gleichzeitig erledigen (z. B. hackt einer, während ein anderer Beute stiehlt).

- Kommunizieren Sie, bevor Sie Türen öffnen oder Sicherheitssysteme deaktivieren.

- Decken Sie sich gegenseitig die Flucht ab, wenn Alarm ausgelöst wird.

4. Anpassen, wenn Pläne schief gehen

- Wenn die Mission gefährdet wird, bleiben Sie ruhig und passen Sie sich an.

- Verwende Rauchbomben, Verkleidungen oder alternative Ausgänge.

- Priorisiere den Abschluss von Missionen gegenüber unnötigen Kämpfen.

Kapitel 9: Geheimnisse, Easter Eggs und freischaltbare Gegenstände

9.1 Versteckte Bereiche & Geheimmissionen

Monaco 2 steckt voller versteckter Orte und geheimer Herausforderungen, die die Spieler für ihre Erkundung und Neugier belohnen.

1. So finden Sie versteckte Bereiche

- **Nutze die Fähigkeit des Maulwurfs** – Einige Wände können durchbrochen werden, um geheime Räume freizulegen.

- **Halte Ausschau nach unmarkierten Türen** – Einige Level enthalten verschlossene Türen, die nicht auf der Hauptkarte erscheinen.

- **Achte auf Audiohinweise** – Seltsame Geräusche oder NPC-Dialoge können auf versteckte Bereiche hinweisen.

- **Interagiere mit der Umgebung** – Bestimmte Objekte können bewegt werden, um Durchgänge freizulegen.

2. Geheime Missionen und wie man sie freischaltet

- **Schließe Hauptstory-Missionen ab** – Einige geheime Level werden freigeschaltet, nachdem du wichtige Story-Ziele abgeschlossen hast.

- **Erreiche Highscores** – Das Abschließen von Raubüberfällen mit Top-Rankings kann Bonusmissionen aufdecken.

- **Finde versteckte Sammlerstücke** – Einige Missionen enthalten seltene Gegenstände, die neue Raubüberfälle ermöglichen.

9.2 Easter Eggs & Fun Referenzen

Monaco 2 ist bekannt für seine cleveren Anspielungen auf die Popkultur, die Spielegeschichte und sogar auf Raubüberfälle in der realen Welt.

1. Bemerkenswerte Easter Eggs

- **Klassische Monaco Callbacks** – Versteckte Orte beziehen sich auf das Original *Monaco: What's Yours Is Mine*.

- **Popkultur-Referenzen** – Halten Sie Ausschau nach Anspielungen auf berühmte Filme, Bücher und Geschichten über Raubüberfälle aus dem wirklichen Leben.

- **Entwicklergeheimnisse** – Einige Bereiche enthalten Insider-Witze oder besondere Nachrichten von den Entwicklern.

2. Wie man Ostereier findet

- **Erkunde unwesentliche Bereiche** – Einige Referenzen befinden sich in Räumen, die für den Abschluss der Mission nicht erforderlich sind.

- **Interagiere mit NPCs** – Bestimmte Charaktere sagen Zeilen, die sich auf andere Spiele oder Medien beziehen.

- **Experimentieren Sie mit ungewöhnlichen Aktionen** – **Der** Einsatz von Tools auf unerwartete Weise kann manchmal versteckte Überraschungen auslösen.

9.3 Erfolge & Trophäen

Das Erreichen von Erfolgen in *Monaco 2* stellt eine zusätzliche Herausforderung für Komplettisten dar.

1. Kategorien von Errungenschaften

- **Story-basiert** – Durch das Abschließen größerer Raubüberfälle werden Standarderfolge freigeschaltet.

- **Geschicklichkeitsbasiert** – reine Stealth-Runs, Speedruns und perfekte Raubüberfälle (kein Alarm ausgelöst).

- **Erkundung** – Entdecke versteckte Bereiche, geheime NPCs oder sammle besondere Gegenstände.

- **Multiplayer-Herausforderungen** – Abschließen von Missionen kooperativ oder unter bestimmten Bedingungen.

2. Bemerkenswerte Erfolge und wie man sie verdient

- **Ghost Master** – Schließe einen Raubüberfall ab, ohne ein einziges Mal entdeckt zu werden.

- **Speed Demon** – Beende eine Mission unter einem strengen Zeitlimit.

- **Schatzjäger** – Finde alle versteckten Sammlerstücke im Spiel.

- **Teamwork Triumph** – Schließe einen Multiplayer-Raubüberfall erfolgreich ab, bei dem alle Spieler gemeinsam entkommen.

9.4 Freischaltung von Bonusinhalten

Neben den Story-Missionen *bietet Monaco 2* Bonusinhalte, die dem Gameplay Tiefe und Abwechslung verleihen.

1. Freischaltbare Charaktere und Skins

- **Herausforderungsmissionen** – Das Abschließen schwieriger Raubüberfälle schaltet exklusive Charakter-Skins frei.

- **Ziele für geheime Raubüberfälle** – Einige Charaktere sind nur verfügbar, nachdem sie die versteckten Anforderungen erfüllt haben.

- **Spielwährung** – Bestimmte kosmetische Gegenstände und Bonusinhalte können mit den Einnahmen aus

Raubüberfällen gekauft werden.

2. Benutzerdefinierte Spielmodi und zusätzliche Funktionen

- **Hardcore-Modus** – Ein herausfordernder Modus mit Permadeath und strengerer Gegner-KI.

- **Community-Herausforderungen** – Spezielle Raubüberfälle, die von Entwicklern oder von der Community eingereicht wurden.

- **Speedrun-Modus** – Zeitlich begrenzte Herausforderungen für die Ranglisten-Rangliste.

Kapitel 10: Fehlerbehebung & FAQs

10.1 Häufige Fehler und Fehlerbehebungen

Selbst die besten Spiele haben gelegentlich technische Probleme. Hier sind einige der häufigsten Probleme, auf die Spieler in *Monaco 2 stoßen,* und wie man sie lösen kann.

1. Das Spiel stürzt ab und friert ein

- **Problem:** Das Spiel stürzt beim Start oder während des Spiels ab.

- **Lösung:**

  - Stellen Sie sicher, dass Ihre Grafiktreiber auf dem neuesten Stand sind.

  - Führen Sie das Spiel als Administrator aus.

  - Überprüfen Sie die Spieldateien über den Steam/Epic Launcher.

  - Niedrigere Grafikeinstellungen, wenn Leistungsprobleme auftreten.

2. Verbindungs- und Multiplayer-Probleme

- **Problem:** Es kann keine Verbindung zu Online-Spielen oder privaten Lobbys hergestellt werden.

- **Lösung:**

  - Überprüfen Sie Ihre Internetverbindung und die Routereinstellungen.

  - Stellen Sie sicher, dass die Firewall/das Antivirenprogramm das Spiel nicht blockiert.

  - Starten Sie das Spiel neu und versuchen Sie erneut, die Lobby zu erstellen.

  - Verwenden Sie für die Stabilität eine kabelgebundene Verbindung anstelle von Wi-Fi.

3. Audiovisuelle Störungen

- **Problem:** Ton fehlt oder es treten grafische Störungen auf.

- **Lösung:**

  - Passe die Audioeinstellungen im Spiel an und stelle sicher, dass die Treiber aktualisiert werden.

  - Schalten Sie V-Sync um oder ändern Sie die Auflösungseinstellungen.

- o Führen Sie das Spiel im Fenstermodus aus, wenn der Vollbildmodus Probleme verursacht.

4. Probleme mit gespeicherten Daten

- **Problem:** Der Fortschritt wird nicht richtig gespeichert.

- **Lösung:**

  - o Stellen Sie sicher, dass das Speichern in der Cloud aktiviert ist, wenn Sie einen Cloud-Dienst verwenden.

  - o Überprüfen Sie die Integrität der Spieldatei im Launcher.

  - o Sichern Sie die Speicherdateien bei Bedarf manuell.

10.2 Tipps zur Leistungs- und Optimierungsoptimierung

Für ein flüssigeres Spielerlebnis sollten Sie diese Optimierungstechniken in Betracht ziehen.

1. Beste Einstellungen für die Leistung

- **Auflösungsskalierung** – Eine Verringerung dieser Skalierung kann die FPS erheblich steigern.

- **Schatten und Lichteffekte** – Das Reduzieren dieser Einstellungen verbessert die Leistung.

- **V-Sync & Frame Rate Limits** – Aktivieren oder deaktivieren Sie je nach Hardware.

2. Verbesserung der Ladezeiten

- **Installation auf einer SSD** – Schnellere Lesegeschwindigkeiten tragen zur Verkürzung der Ladezeiten bei.

- **Hintergrundanwendungen schließen** – Geben Sie Systemressourcen frei, indem Sie unnötige Apps schließen.

- **Reduzieren Sie die Grafikqualität** – Besonders hilfreich für ältere Systeme.

3. Erhöhung der Multiplayer-Stabilität

- **Verwenden Sie eine kabelgebundene Verbindung** – stabiler als Wi-Fi.

- **Wählen Sie Nächstgelegene Serverregion** – Niedrigerer Ping und bessere Verbindungsqualität.

- **Deaktivieren Sie Hintergrund-Downloads** – Verhindern Sie, dass bandbreitenintensive Anwendungen stören.

10.3 Häufig gestellte Fragen

Hier finden Sie Antworten auf einige der häufigsten Fragen zu *Monaco 2*.

1. Ist *Monaco 2* plattformübergreifend?

- **Antwort:** Überprüfen Sie die offiziellen Updates, aber derzeit kann das plattformübergreifende Spielen auf bestimmte Plattformen beschränkt sein.

2. Wie viele Spieler können im Mehrspielermodus spielen?

- **Antwort:** Das Spiel unterstützt bis zu 4 Spieler im Koop-Modus, ähnlich wie das ursprüngliche *Monaco: What's Yours Is Mine.*

3. Kann ich alleine spielen?

- **Antwort:** Ja! Das Spiel ist alleine spielbar, obwohl einige Raubüberfälle im Team einfacher sind.

4. Gibt es Mods oder benutzerdefinierte Levels?

- **Antwort:** Je nach Entwickler können nach der Veröffentlichung der Steam Workshop-Support oder Community-Mods verfügbar sein.

5. Hat *Monaco 2* Controller-Unterstützung?

- **Antwort:** Ja, es wird eine vollständige Controller-Unterstützung erwartet. Die Spieler können nahtlos zwischen Tastatur/Maus und Controller wechseln.

10.4 So kontaktieren Sie den Support

Wenn du auf ungelöste Probleme stößt, kannst du dich wie folgt an das Support-Team des Spiels wenden.

1. Offizielle Support-Kanäle

- **Entwickler-Website:** Besuchen Sie die offizielle *Monaco* 2-Website für häufig gestellte Fragen und Fehlerbehebung.

- **Support-E-Mail:** Kontaktieren Sie das Support-Team über die angegebene E-Mail-Adresse.

- **Spielforen und Community-Seiten:** Viele Probleme werden in offiziellen Foren diskutiert und gelöst.

2. Einreichen eines Fehlerberichts

- **Geben Sie detaillierte Informationen an** – Fügen Sie Plattform, Systemspezifikationen und eine klare Beschreibung des Problems hinzu.

- **Screenshots/Videos anhängen** – Hilft Entwicklern, den Fehler besser zu verstehen.

- **Überprüfen Sie zuerst die Patchnotes** – Für einige Probleme sind möglicherweise bereits Korrekturen verfügbar.

3. Community-Support und Spielerhilfe

- **Reddit & Discord Kanäle** – Andere Spieler haben möglicherweise Lösungen für häufige Probleme.

- **Steam-Community-Diskussionen** – Wenn du auf Steam spielst, gibt es im Community-Bereich oft Threads zur Fehlerbehebung.